La belle histoire du Prado,
du Parc Chanot
et de la Corniche

Remerciements

Musée d'Histoire de Marseille, Archives Municipales de la Ville de Marseille,
Chambre de Commerce et d'Industrie Marseille Provence,
Michel Sheffer, la B.M.V.R. l'Alcazar, la SAFIM.

ISBN 978-2-86276-489-4

Rémy Kerténian

Quand Marseille va à la mer

photographies de
Camille Moirenc

Éditions Jeanne Laffitte

SOUTH MARSEILLE: FROM THE PRADO TO THE CORNICHE

A story of urban development between city and sea.

There is a common tendency to cut Marseille in two: the North with its port, industrial and working class, and the South, residential, by the sea, and bourgeois. If this caricature persists, it is because it reflects a certain reality rooted in the city's history. Nevertheless, past and present also remind us how much we need to qualify it.

Since the Baroque age and the first urban planning operations the two poles have been linked. From the cutting of the Rue de la République, the Prado and the Corniche in the 19th century to the Metro and the tunnels in the 20th and 21st centuries, all combined to connect the city into a whole. This determination, while respecting the identity, diversity and richness of its 111 districts, has enabled Marseille to forge an identity all of her own. Today, the tertiary and residential development of the Euroméditerranée project around the La Joliette and La Belle de Mai districts, as well the speeding up of transports with the T.G.V. station, the development of cruise tourism etc., make these ties between the city's districts even more logical. All the more so as Marseille had successfully managed to develop southwards, linking to the city centre very early on, and to plan its transformation at the end of the colonial and industrial age. Between the Prado, the Corniche, the beaches, the Velodrome stadium and the Parc des Exhibitions et des Congrès, another Marseille has taken shape, a Marseille which has still managed to reconcile economic dynamism, residential charm and the fun of the seaside.

MARSEILLE SUD :
DU PRADO A LA CORNICHE…

Histoire d'un développement urbain
entre ville et mer.

Bien souvent, on a tendance à couper Marseille en deux : au nord portuaire, industriel et populaire, s'oppose le sud, résidentiel, balnéaire et bourgeois. Si cette caricature a la vie dure, c'est qu'elle possède une certaine réalité ancrée dans l'histoire même de la ville. Cependant, passé et présent nous montrent aussi à quel point il faut savoir nuancer.

Depuis l'âge baroque et les premières opérations d'urbanisme on relie ces deux pôles. Du percement de la rue de la République, du Prado et de la Corniche au XIXe siècle en passant par le métro et les tunnels aux XXe et XXIe siècles, tout concourt à envisager la ville dans sa globalité. Cette volonté, qui a su respecter l'identité, la diversité et la richesse de ses 111 quartiers, a permis à Marseille de se forger une identité qui n'appartient qu'à elle.

Aujourd'hui, le développement tertiaire et résidentiel du projet Euroméditerranée, autour des quartiers de la Joliette et de la Belle de Mai, ainsi que l'accélération des transports avec la gare T.G.V., le développement du tourisme de croisière… rendent encore plus logique ce lien entre les quartiers la ville. D'autant que Marseille avait su réussir son développement au sud, en se reliant très tôt à l'hyper centre et penser sa reconversion dès la fin de l'ère coloniale et industrielle.

Entre Prado, Corniche, plages, stade Vélodrome et Parc Chanot, Palais des Congrès et des Expositions… c'est un autre Marseille qui s'offre à nous, un Marseille qui a toujours su concilier dynamisme économique, charme résidentiel et plaisirs balnéaires.

Le temps des bâtisseurs
The Times of the Builders

Les prémices.
De l'Ancien Régime à la
Monarchie de Juillet

Jusqu'au XVIIe siècle, Marseille est restée cantonnée sur la rive nord du Lacydon. Il faut attendre le règne personnel de Louis XIV et la volonté du monarque de mettre au pas cette ville éternellement rebelle pour voir les choses évoluer. À partir de 1660, l'édification des deux forts à l'entrée du port, puis la construction de l'Arsenal sur la rive sud à partir de 1665 et enfin avec l'agrandissement de 1666, la ville passe de 70 à près de 200 hectares. Cette opération d'urbanisme reste la plus importante entreprise dans notre région sous l'Ancien Régime. Dessiné

The beginnings: from the Ancien Régime to the July Monarchy

Until the 17th century, Marseille remained confined to the North bank of the Lacydon. It wasn't until the very personal reign of Louis XIV, who resolved to bring this eternally-rebellious city into line, that things began to change. The building of two forts at the Port entrance in 1660, followed by the construction the Arsenal on the South bank from 1665, and finally the enlargement of the city in 1666, brought its area from 70 to close to

Plan géométral de la ville, citadelles, port et Arcenaulx, par J. Razaud et J. Randon, 1743.

par Pierre Puget, l'agrandissement est exemplaire. En effet, les principes d'un axe est/ouest, avec ce qui deviendra la Canebière et un nord/sud partant de la Porte d'Aix jusqu'à la Porte de Rome, avec en son centre le Grand Cours (actuel cours Belsunce), établissent les développements ultérieurs de la cité. Le XVIIIe siècle poursuit ce grand oeuvre. Dans les années 1770, on crée vers l'est en prolongement de la Canebière, les allées de Meilhan et au sud, un

500 acres. This city planning operation was the largest ever undertaken in our region under the Ancien Régime. Designed by Pierre Puget, the enlargement was exemplary. Indeed the principles of an East/West axis, with what was to become the Canebière, and a North/South axis from the Porte d'Aix to the Porte de Rome, with the Grands Cours (today's Cours Belsunce) at its centre, set the scene for the city's later development. The 18th century kept up

nouveau quartier prend forme. La municipalité souhaite prolonger la rue de Rome au delà des remparts. En 1774, les propriétaires riverains cèdent leurs terrains, persuadés de réaliser une belle plus-value. Ce Grand Chemin de Rome, devint alors la rue de Rome Prolongée. À son extrémité, le marquis de Castellane-Majastre, offrit les terrains afin de réaliser une vaste place circulaire permettant de rejoindre, avec majesté, l'ancien chemin de Toulon.

the good work. In the 1770s, the Canebière was extended eastwards with the Allées de Meilhan and a new district took shape to the South. The municipality wanted to extend the Rue de Rome beyond the ramparts. In 1774, the owners gave up their lands, happy to turn a nice profit. This Grand Chemin de Rome then became the *Rue de Rome Prolongée*. At its extremity, the marquis of Castellane-Majastre gave land in order to create a vast

Le grand Cours au XVIIIe siècle : la promenade la plus élégante de la ville sous l'Ancien Régime.

41 MARSEILLE. — La Place Castellane. — LL.

P. Blanchard

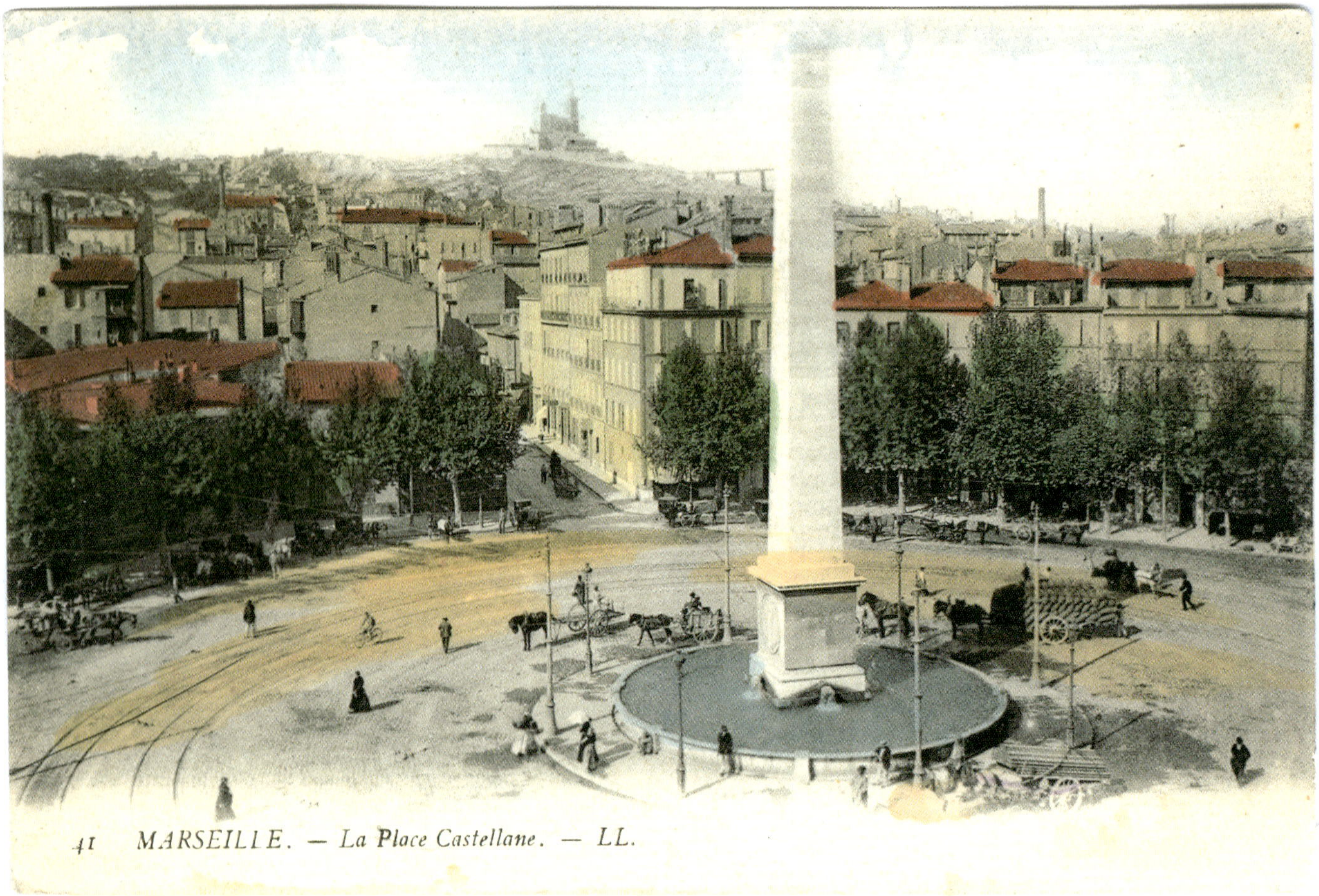

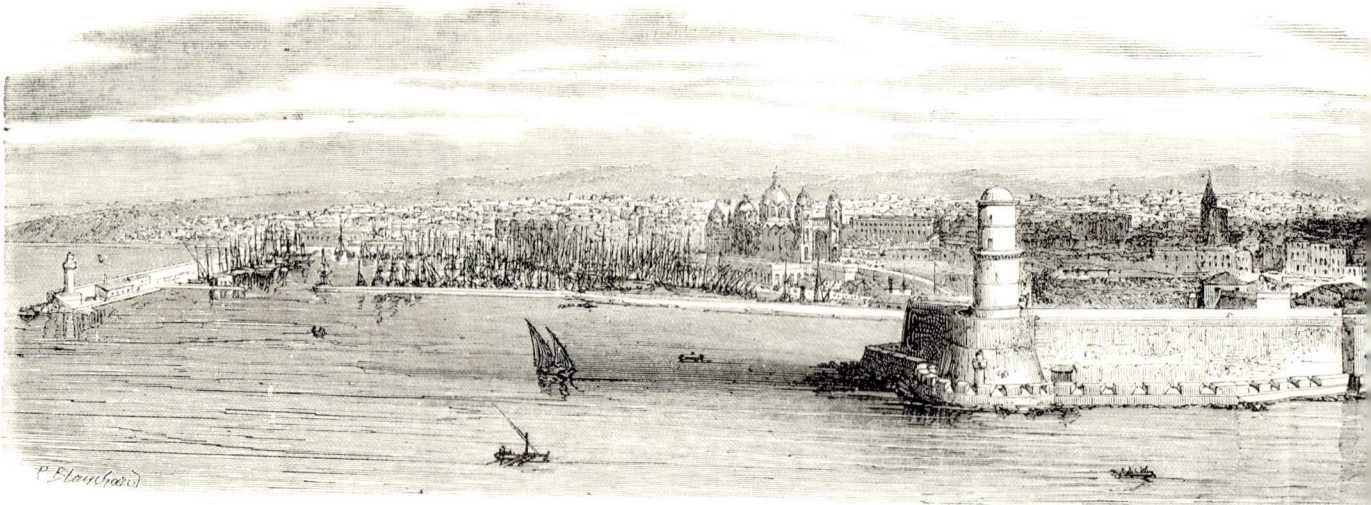

*La place
Castellane avec
la fontaine
de l'obélisque.*

La Révolution et l'Empire, avec la vente comme biens nationaux des établissements religieux et la décision de détruire les remparts, poursuit l'oeuvre de développement urbanistique. En 1808, le maire, Ignace Anthoine, baron de Saint-Joseph, décide l'édification d'une fontaine monumentale avec obélisque, pour l'embellissement de la place Castellane. Si la ville répugne tout d'abord à une dépense qu'elle juge trop élevée, la naissance du roi de Rome en 1811 emporte finalement la décision du conseil municipal pour la construction de ce monument. C'est Michaud, directeur des Travaux Publics de la ville, qui avait succédé à ce poste à Michel-Robert Penchaud, entre 1808 et 1813, qui se chargea de l'édification de l'obélisque en grand appareil de pierre de Cassis. Pour répondre à cette fontaine à l'antique, Penchaud

majestic circular *place* where it could join the old Toulon road.

The Revolution and the Empire continued the urban development, with the sale of religious establishments as national assets and the decision to destroy the ramparts. In 1808, the mayor, Ignace Anthoine, Baron of Saint-Joseph, decided to build a monumental fountain with an obelisk, to grace the Place Castellane. The city initially found the cost too high and jibbed at the excessive expense, but the birth of Napoleon's son, the short-lived "King of Rome", in 1811 won over the municipal council in favour of building the monument. Michaud, the city's Director of Public Works between 1808 and 1813, who had succeeded Michel-Robert Penchaud in the post, undertook the building of the obelisk in great

*Vue panoramique
de la ville
et du port, 1864.*

*La gare
Saint-Charles,
les nouveaux ports
et les
établissements
de la Cie. Générale
des Docks, 1864.*

construira à partir de 1825, l'arc de triomphe de la Porte d'Aix à l'entrée nord de la ville. Le grand axe souhaité par Puget semble alors promis à un bel avenir. Si la révolution et l'Empire furent des périodes de récession économiques pour Marseille, la Restauration annonce une ère nouvelle de prospérité. Progressivement le commerce international reprend ses droits et la conquête de l'Algérie à partir des années 1830 intensifie le trafic. La population augmente

pomp in Cassis stone. In response to this fountain in the ancient style, Penchaud started work on the Arc de Triomphe at the Porte d'Aix at the North entrance of the city in 1825. The grand axis envisioned by Puget seemed set for a fine future. The Revolution and the Empire were periods of economic recession for Marseille, but the Restoration was the start of a new period of prosperity. International trade gradually picked up again and the conquest of

*Chemin de fer
et développement
des échanges
maritimes sont
la marque des
triomphes
de Marseille
au XIXe siècle.*

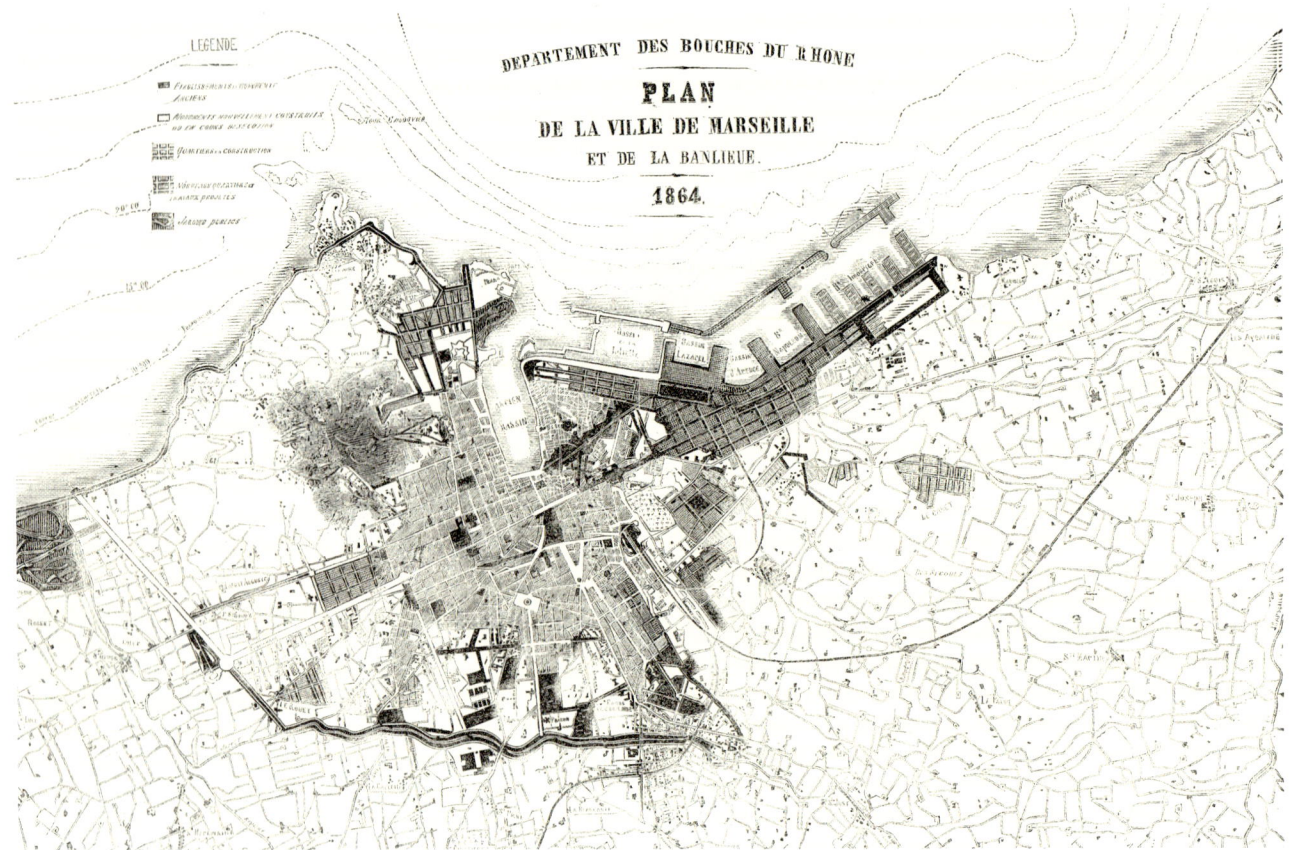

Plan de Marseille, 1864.

rapidement et passe de 90 000 habitants en 1815 à plus de 130 000 en 1830. On le comprend aisément, le besoin de constructions nouvelles et de logements est urgent.

La Monarchie de Juillet sera le point de départ de ce renouveau. L'action de Maximin Consolat, maire de 1831 à 1843, sera décisive dans ce sens. L'édile, lance une politique de grands travaux pour la ville. Sa plus prestigieuse réalisation, pour lutter contre

Algeria from the 1830s intensified the traffic. The population increased rapidly from 90,000 inhabitants in 1815 to over 130,000 in 1830. It is easy to see why there was an urgent demand for new building and housing.

The July Monarchy signalled the start of this renewal. The decisive initiative came from Maximin Consolat, mayor from 1831 to 1843, with the launch of a policy of major works for the city. His most prestigious achievement, to fight

l'insalubrité, le choléra et les séche-
resses chroniques, sera la construction
du Canal de Marseille (1838-1849),
amenant « quoi qu'il en coûte », l'eau
de la Durance. Aujourd'hui encore, le
Palais Longchamp célèbre fastueuse-
ment l'arrivée de l'eau à Marseille.

Homme d'affaires avisé, il pressent le
développement de la ville sur les bords
de mer, vers le sud, au delà de la citadelle Saint-Nicolas. Il crée en 1833,

squalor, cholera and chronic droughts,
was the construction of the Marseille
Canal (1838 - 1849), bringing in the
water of the Durance with "money no
object". Today the Palais Longchamp
still stylishly celebrates the arrival of
water in Marseille.

A shrewd businessman, Consolat
encouraged the city's development along
the seashore towards the South, beyond
the Citadelle Saint-Nicolas. In 1833,

*Inauguration
de la ligne
du tramway
Castellane/
Montredon
en 1876.
(MHM 82-3-24).*

avec sa belle-famille la Société des Catalans pour l'achat des terrains de l'ancienne Infirmerie où s'était établie, dès le XVIIIᵉ siècle, une communauté de pêcheurs catalans qui avait fini par laisser leur nom à ce quartier. À cette époque, il est question de créer à cet emplacement un port auxiliaire avec arsenal et entrepôts. Mais c'est finalement au nord, vers les bassins de la Joliette que se fera l'extension du port de commerce. Il semble alors trop complexe de contourner les obstacles que constituent la colline de Notre-Dame de la Garde et la citadelle Saint-Nicolas. La rive sud, promise à un autre avenir sera finalement dédiée à la villégiature et ce sont les héritiers de Consolat qui profiteront des bénéfices de la revente des terrains. Sous son mandat il fait également tracer le boulevard d'Orléans (actuel boulevard National) et encourage fortement le développement urbain en protégeant les initiatives privées qui voient la création des quartiers de Chave, de Baille, de Longchamp et du Prado. Là, se dessinent deux autres personnalités majeures pour Marseille, Anthelme Bernex et Jean-Baptiste Falque. C'est à eux que la ville doit son ouverture vers le Sud et la mer.

with his family by marriage, he created the Société des Catalans for the purchase of the land of the former Infirmary where a community of Catalan fishermen had been established since the 18th century, and had given their name to the district. At the time, there was discussion about creating an auxiliary port here with an arsenal and storehouses, but in the end, the commercial port was extended northwards towards the Joliette basins. The obstacles formed by the hill of Notre-Dame de la Garde and the Citadelle Saint-Nicolas seemed too complicated to get around. The South shore, destined for a different future, was eventually used for leisure pursuits and it was Consolat's heirs who profited from the resale of the lands.

During his term of office, he also planned the route of the Boulevard d'Orléans (today's Boulevard National) and strongly encouraged urban development by protecting private initiatives which oversaw the creation of the Chave, Baille, Longchamp and Prado districts. These areas saw the arrival of two other personalities who were to have a major impact on Marseille: Anthelme Bernex and Jean-Baptiste Falque. To them the city owes its opening to the South and the sea.

La rue de Rome, vue de la place Castellane.

Anthelme Bernex (1777-1848) et le Prado

Anthelme Bernex est fils de vigneron originaire de l'Ain. Après s'être engagé et avoir participé à la campagne d'Italie, il s'installe à Marseille en 1802 où il rejoint son frère aîné. Il est très vite embauché par M. Philippon, Bressan comme lui, dans sa manufacture de papiers peints. Très vite il devient l'associé de Philippon et épouse sa fille unique, Anne-Eudoxie, en 1810. Outre l'entreprise familiale, il va faire prospérer les biens que son beau-père avait acquis sur les saisies révolutionnaires. Ces terrains sont ceux ayant appartenu aux chanoines de la cathédrale, au bas du chemin de la Madeleine (actuelle rue Consolat). Un des

Anthelme Bernex (1777-1848) and the Prado

Anthelme Bernex was a winemaker's son from the Ain département. After enlisting and taking part in the Italian campaign, he moved to Marseille in 1802 to join his elder brother. He very soon got a job with M. Philippon, from the Bresse like him, in his wallpaper factory. He very soon became Philippon's associate and married his only daughter, Anne-Eudoxie, in 1810. Apart from the family business, he managed the property that his father-in-law had acquired in the revolutionary seizures to good effect. These lands had belonged to the canons of the Cathedral, at the lower end of the Chemin de la Madeleine (today's Rue Consolat). One of the neighbouring property owners,

Anthelme Bernex.

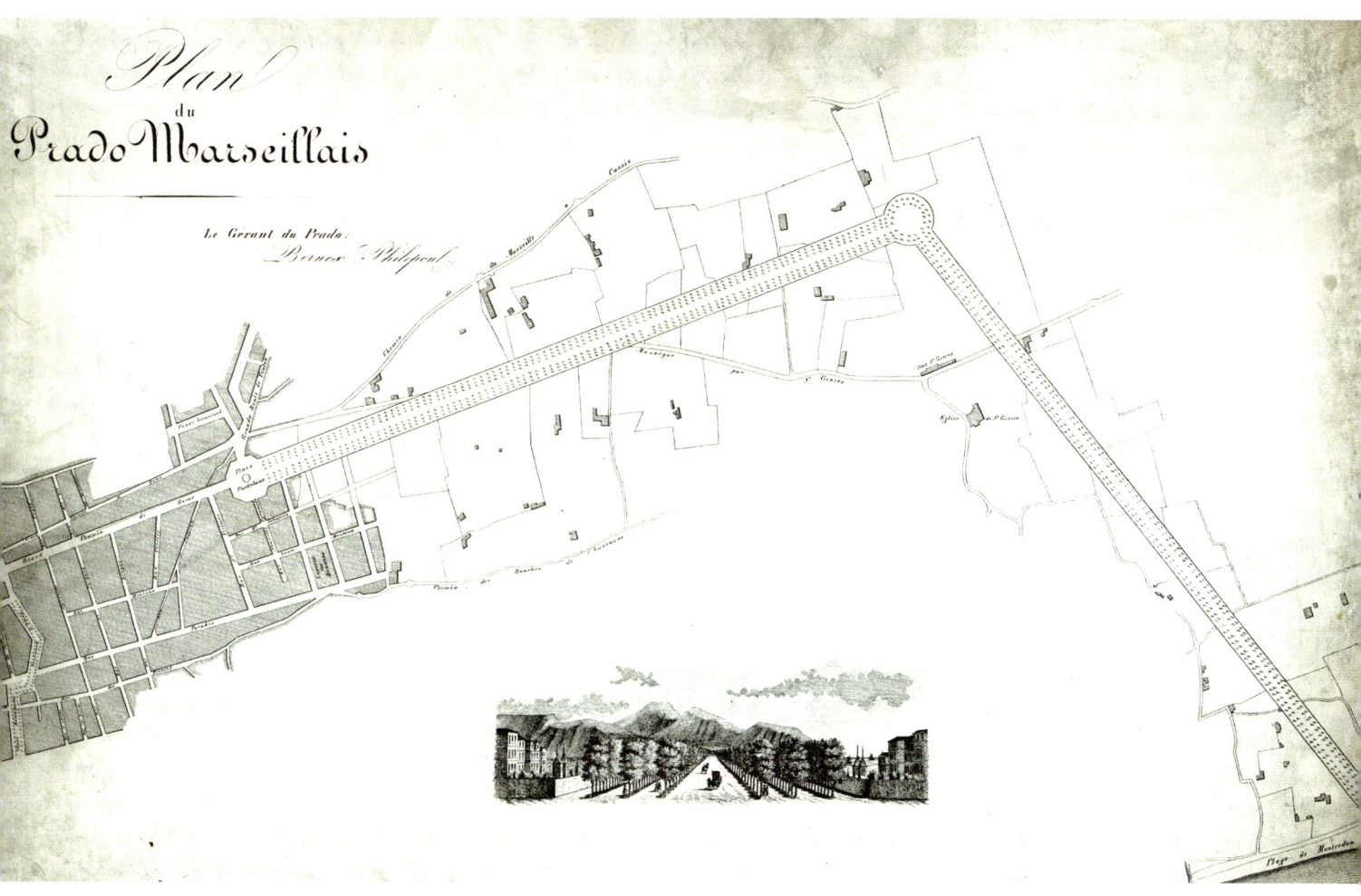

propriétaires voisins, Alexandre Clapier, qui sera conseiller municipal, député et conseiller général va soutenir Anthelme dans ses projets. Ensemble ils vont convaincre les autres propriétaires du quartier pour créer des voies de raccordement au chemin de la Madeleine et faire en sorte de créer, avec l'accord de Consolat, une avenue

Alexandre Clapier, who was to become town councillor, Member of Parliament and district councillor, supported Anthelme in his projects. Together they persuaded the other property owners in the district to create connecting streets to the Chemin de la Madeleine and with Consolat's agreement, to pave the way for an avenue descending from the

Le projet Bernex pour le « Prado marseillais ». (Fonds rares et précieux, B.M.V.R. de Marseille - CAR B 259).

*Le boulevard
Longchamp,
première
réalisation
de Bernex.*

qui descend du plateau de Longchamp,
sur lequel doit arriver le canal, vers les
allées de Meilhan. Le maire accepte à
condition que l'avenue fasse 20 mètres
de large et soit plantée d'arbres. Le boulevard Longchamp était ouvert en 1836.
Mais Bernex ne va pas s'arrêter là. Il
rêve de créer une promenade et souhaite
offrir à ses concitoyens un accès à la mer
pour la baignade. Il projette alors une
avenue partant de la place Castellane,
qui en retour d'équerre aboutirait sur les
plages de sable à l'embouchure de l'Hu-

Longchamp plateau, where the canal
would arrive in the city, towards the
Allées de Meilhan. The Mayor accepted
on condition that the avenue would be
20m wide and be planted with trees.
Boulevard Longchamp was opened in
1836.

But Bernex did not stop there. He
dreamed of creating a promenade and
wanted to offer his fellow citizens
access to the sea to bathe. He then
planned an avenue starting from the
Place Castellane, which would make a

veaune. Ces plages pour le moment inaccessibles se développent jusqu'à la Pointe Rouge. Le quartier est occupé par de petites propriétés agricoles et de belles bastides. Le long de l'Huveaune et d'un autre tout petit fleuve, appelé Gironne, c'est le règne des maraîchers. Le quartier est d'ailleurs réputé pour un petit restaurant ouvert par un célèbre chef : Marius Barbaroux. Appelée par les Marseillais, l'auberge du Fada (en référence au frère simplet du propriétaire) l'établissement était très à la mode et ce, malgré les difficultés pour s'y rendre à travers les entrelacs des chemins ruraux. Pour son projet, Bernex va s'associer à Jean-Baptiste Falque (1798-1881), architecte et entrepreneur en bâtiments. On lui doit entre autre la caserne des Douanes, des abattoirs, et l'asile d'aliénés sur les anciennes propriétés du négociant Jean Timon-David (actuel hôpital de la Timone). Homme d'affaires averti, il avait déjà commencé à aménager des terrains entre la rue Paradis et la place Castellane. Il ne pouvait que souscrire au projet Bernex, qui lui permettrait de poursuivre son oeuvre et de désenclaver les quartiers, à l'époque des « campagnes », au sud de la colline Notre-Dame, vers Saint-Giniez et la mer. Cela permettrait aussi de prolonger la rue Paradis et d'envisager des rues adjacentes.

sharp turn to end up at the sandy beaches at the mouth of the Huveaune. These beaches, inaccessible at the time, extended as far as the Pointe Rouge. The district was occupied by small farming properties and some fine country houses. Along the course of the Huveaune and another very small river called the Gironne, was the domain of the vegetable gardeners. The district was also renowned for a small restaurant opened by a famous chef: Marius Barbaroux. Nicknamed L'Auberge du Fada ("the Nutter's Inn" in honour of the owner's simpleton brother) by the Marseillais, the establishment was very fashionable despite the difficulty of reaching it through the winding country lanes.

For his project, Bernex joined forces with Jean-Baptiste Falque (1798-1881), an architect and developer. He it was who gave us the Customs barracks, the Slaughterhouses, and the lunatic asylum on the site of the former properties of the merchant Jean Timon-David (today's Hôpital de la Timone). A shrewd businessman, he had already begun to develop the land between Rue Paradis and the Place Castellane. He inevitably subscribed to Bernex's project, which would allow him to pursue his work and open up the districts, during the "campaigns", to the South

*Le Prado
aujourd'hui.*

Ainsi, en 1837, ils créent la Société du Prado de Marseille. Cette société immobilière doit convaincre les propriétaires de parcelles de vendre, pour à terme en récolter des bénéfices. Nos deux entrepreneurs sont soutenus par un des journaux les plus influents de la place : *Le Sémaphore*. Le 31 mai 1837 le journal consacre un long article à ce projet de « Prado marseillais ». Il y est bien dit que Marseille ne possède aucune promenade digne de ce nom : rien à comparer aux Champs-Elysées, à Hyde Park, au Prater, ou au Prado de Madrid. Il est donc très important d'offrir à Marseille ses Champs-Elysées. Le nom de Prado est d'ailleurs accepté : il est plus exotique et méditerranéen. D'autant que sous Louis-Philippe l'Espagne est à la mode. Le roi lui-même est le grand prosélyte de la peinture espagnole et ouvre une galerie au Louvre. Pensons aussi à Mérimée qui lance l'Espagne dans plusieurs nouvelles, bien avant sa fameuse *Carmen* de 1845.

L'entreprise semble bien lancée. Malheureusement, les investisseurs restent frileux. Les temps sont durs et la ville peine à se relever d'une épidémie de choléra. La société est dissoute le 31 août 1837. Bernex dont la fortune est éprouvée ne désarme pas et reste convaincu du bien-fondé de son projet. Il réussi à rallier bien vite tout ce

of the Notre-Dame hill, towards Saint-Giniez and the sea. That would also make it possible to extend Rue Paradis and plan adjacent streets. Thus, in 1837, they created the *Société du Prado de Marseille*. This development company had to persuade the owners of plots to sell in order to recoup profits over time. Our two entrepreneurs were backed by one of the most influential local newspapers: *Le Sémaphore*. On May 31st 1837, the journal dedicated a long article to this project of the "Prado Marseillais". It was rightly observed that Marseille had no promenade worthy of the name: nothing to compare to the Champs-Elysées, Hyde Park, the Prater, or Madrid's Prado. It was therefore very important to offer Marseille its own Champs-Elysées. The name of Prado was accepted: it was more exotic and Mediterranean, and what's more, under Louis-Philippe Spain was in fashion. The King was a great promoter of Spanish painting and opened a gallery in the Louvre. Not forgetting the author Mérimée, who featured Spain in several novellas, well before his famous *Carmen* in 1845. The enterprise seemed well on its way. Unfortunately, the investors remained wary. Times were hard and the city was struggling to recover from a cholera epidemic. The company was dissolved

*La rue Noailles
élargie dans
le prolongement
de la Canebière
et la rue
Impériale
(actuelle rue de
la République),
furent deux des
chantiers majeurs
sur lesquels dut
veiller Théodore
Bernex, devenu
maire de
Marseille.*

Théodore Bernex.
Archives
municipales de
Marseille. FI035.

que Marseille compte d'important dans le haut négoce, la banque et l'industrie. Et le 9 novembre 1838 la Société du Prado de Marseille renaît de ses cendres. C'est une société d'actionnaires. On y retrouve les négociants et industriels Luce, Pastré, Charles-Roux, Grandval, Paranque, Wulfran-Puget et les banquiers Pascal, Hesse et Couve : tout le gotha local. Le maire Consolat appuie le projet et impose pour le premier tronçon de l'avenue partant de Castellane, une largeur de 60 mètres avec trois rangées d'arbres de chaque côté. Pour la

on August 31st 1837. Bernex's fortune had been badly hit but he did not give up, and remained convinced that his project was sound. He quickly succeeded in rallying all the important names of Marseille big business, in banking and industry, and on November 9th 1838, the *Société du Prado Marseillais* rose again from the ashes. It was a company of shareholders drawn from the local high society, including merchants and industrialists: Luce, Pastré, Charles-Roux, Grandval, Paranque, Wulfran-Puget; and bankers: Pascal, Hesse and Couve. Mayor Con-

Vue du Prado depuis le rond-point vers Castellane, circa 1840. (MHM 80-4-15).

seconde partie de l'avenue, menant à la mer, il accepte une largeur de 45 mètres avec deux rangées d'arbres par côté, mais les propriétés construites de part et d'autre devront être éloignées d'au moins 12 mètres du bord de l'avenue, le tout pour privilégier la belle perspective conduisant à la plage. Ce n'est pas moins de 3 400 mètres d'avenue qu'il faut réaliser. Les travaux vont bon train. En moins d'un an les nivellements sont effectués. Les deux avenues et le rond-point sont tracés et praticables. À son retour d'Algérie en novembre 1839, le duc d'Orléans, fils aîné de sa Majesté, pose la première pierre du château d'eau de

solat supported the project and stipulated a width of 60 metres with three rows of trees on each side for the first leg of the avenue from Place Castellane. For the second part of the avenue, leading to the sea, he accepted a width of 45 metres with two rows of trees on each side, but the properties built on either side had to be at least 12 metres from the edge of the avenue, to allow a fine perspective leading to the beach. No less than 3.4 km of avenue had to be laid out. The work went on apace. In less than a year the levelling was completed; the two avenues and the roundabout were laid out and were practicable.

*Le Prado,
carte postale,
circa 1900.*

Plan du Prado
Marseillais,
*(Détail
de la page 27).*

*Construit au
tournant
du XXe siècle,
cet immeuble
d'angle,
sur la place
Castellane,
respecte encore
l'esthétique
architecturale
initiée sous
le Second Empire.*

Longchamp et peut inaugurer le Prado marseillais en compagnie des autorités locales et de Bernex. Dans les années qui suivent, plus de 2 000 arbres seront plantés. À sa mort, en 1848, Anthelme peut être fier de l'oeuvre accomplie. Quel chemin parcouru depuis son arrivée comme apprenti dans la manufacture de papiers peints Philippon ! Son fils, Théodore Bernex prit sa succession et sera tout aussi entreprenant. Il veillera au percement de la rue Impériale (actuelle rue de la République), à l'élargissement de la rue Noailles, donnant ainsi son aspect actuel à la Canebière, au prolongement de la rue Paradis jusqu'au Prado... Il sera d'ailleurs élu maire en 1864, à la mort de Rouvière et réélu l'année suivante.

On his return from Algeria in November 1839, the Duke of Orléans, His Majesty's eldest son, laid the foundation stone of the Longchamp water tower and was able to inaugurate Marseille's Prado in the company of local authorities and Bernex. In the following years, over 2,000 trees were planted. At his death, in 1848, Althelme could look on proudly at the work accomplished. What a long way he had come from his first arrival as an apprentice in the Philippon wallpaper factory! His son, Théodore Bernex took over from him and was just as enterprising. He oversaw the cutting of the Rue Impériale (today's Rue de la République), the widening of the Rue Noailles, thus giving La Canebière the appearance it has today, and the prolongation of Rue Paradis as far as the Prado. He would be elected mayor in 1864 at Rouvière's death and re-elected the following year.

Le second Prado,
de la ville à la mer.

Des débuts prometteurs

Si le lotissement du Prado se fait len-
tement, l'avenue devient très vite l'attraction et la promenade de tous les
fashionables de la ville. D'ailleurs, dès
1840, on y transporte la promenade de
Caramantran pour le mercredi des
Cendres. Ce vieux carnaval marseillais
s'effectuait auparavant entre la Porte
d'Aix et Arenc. Caramantran, grand
mannequin déguisé était transporté
par une foule bigarrée jusqu'à la plage
pour être brûlé et ses cendres jetées à
la mer. Cette coutume perdurera
jusqu'à la veille de la Grande Guerre.
À l'automne 1848 s'ouvre au rond-
point du Prado un établissement de loisirs sur 12 hectares, sorte de bal Mabille
à la marseillaise, qui restera en vogue
jusqu'à la fin du Second Empire : le Château des Fleurs. « Les jeunes gens, il
faut bien le dire aussi, les femmes du
demi-monde, du quart-monde peut-
être, s'arrêtent au rond-point et font
une visite au Château des Fleurs qui est
bien l'un des établissements les plus
séduisants que nous connaissons »
(Marius Chaumelin, 1856). Dans le parc
autour des deux grands bâtiments de la
salle de bal-concert et du grand café-restaurant, bosquets et pavillons se suc-
cèdent pour le plaisir des promeneurs.
Tout au bout, une cascade et un lac

Promising beginnings

While the subdivision of the Prado
went forward slowly, the avenue very
quickly became an attraction and a
promenade for all the city's fashionable
set. And from 1840 it became the setting for the Caramantran Ash Wednes-
day procession. This old Marseillais car-
nival had previously taken place
between the Porte d'Aix and Arenc.
Caramantran, a large effigy in fancy
dress, was transported by a motley
crowd as far as the beach to be burned
and his ashes thrown to the sea. This
custom would last until the eve of the
Great War.
The autumn of 1848 saw the opening
of the Château des Fleurs, a 30-acre
leisure establishment at the Prado
roundabout, Marseille's answer to the
Bal Mabille, which would remain popular until the end of the Second
Empire. "The young people, and it
must be said too, the women of ques-
tionable virtue or perhaps none at all,
stop at the roundabout and pay a visit
to the Château des Fleurs, which is
definitely one of the most popular
establishments that we know of."
(Marius Chaumelin, 1856). The park
surrounding the two large buildings -
the concert and dance hall and the
large café-restaurant - was laid out

avec île de verdure offre de petites embarcations. La foule se presse aux concerts, bals, banquets… mais aussi aux courses hippiques. En effet c'est là que s'établit le premier hippodrome de la ville, bientôt détrôné par celui de Borély. En 1868, le Château des Fleurs passe aux mains de la très select Société de Tir. Outre le Château des Fleurs, deux restaurants font le bonheur des visiteurs du quartier à chaque extrémité du second Prado, dont La Muette de Portici (nom emprunté à un opéra d'Aubert de 1828), près du bord de mer.

Les Marseillais ont enfin un accès aisé à la plage. Les bains de mer sont à présent à la mode et jusqu'alors la ville était fort peu pourvue d'établissements convenables. Pendant des siècles cette pratique est liée à la médecine et sans

with copses and pavilions to enchant the strolling public. At the very end, there was a waterfall and a boating lake with an island of greenery. The crowds flocked to events there - concerts, balls, banquets, and so on - and also to the horse races. In fact that was the location of the city's first racecourse, soon to be supplanted by the hippodrome at Borély. In 1868, the Château des Fleurs was taken over by the very select Société de Tir. Apart from the Château des Fleurs, two restaurants catered for visitors from the districts at either end of the second Prado, including *La Muette de Portici* (a name borrowed from an 1828 opera by Aubert), near the seashore. The Marseillais at last had easy access to the beach. Sea bathing was by then in

prescription thérapeutique, jugée immorale. Au XVIIIe siècle encore, on les prescrit pour le traitement de la rage ou en cas d'anémie, d'affections du système nerveux, d'asthme, de maladies de peaux, de fractures… Dans les premiers temps du XIXe siècle ils sont aussi recommandés pour les femmes et les enfants des villes afin de retrouver bon tonus et énergie vitale. Ils sont cependant réservés à l'élite sociale. Et, c'est la duchesse de Berry, belle-fille de Charles X, qui en lance définitivement la mode lors de ses séjours à Dieppe à partir de 1824. À Marseille, c'est dans l'anse du Pharo, quartier encore presque vierge, que s'ouvre en 1807 le premier établissement de balnéothérapie, sous la houlette de Mme Mercier. En 1815, le

fashion and up to then there had not been many suitable establishments in the city. Over the centuries, this activity had been linked to medicinal treatment, and judged immoral without a prescription. As late as the 18th century, it was still prescribed to treat rabies or cases of anaemia, disorders of the nervous system, asthma, skin diseases, fractures, and so on. In the early 19th century, it was also recommended for the city's women and children in order to recover good muscle tone and vital energy. It was, however, reserved for the social élite. And it was the Duchess of Berry, Charles X's daughter-in-law, who started the fashion properly during her stays in Dieppe from 1824 onwards. In Marseille, Madame Mercier opened the

Banquet au Château des fleurs, croquis de Crapelet, L'Illustration, *6 septembre, 1857.*

*Château Vert,
la plage d'Arenc.*

docteur Giraudy de Boyon, ancien médecin des armées et chirurgien des hôpitaux de Marseille, prend le relais. Il est très vite concurrencé, à partir de 1821, par un autre établissement établi au nord, sur la plage d'Arenc, beaucoup plus facile d'accès pour les habitants : le Château-Vert. Giraudy de Boyon ouvre en 1825 un autre établissement concurrent sur la plage d'Arenc. Mais le développement industriel, puis la volonté d'extension du port vers le nord et la présence des soldats de la garnison du Lazaret, auront vite raison de ces établissements. Le percement du Prado, en

first balneotherapy establishment in 1807, in the still virtually-unspoilt Pharo cove. In 1815, it was taken over by a former army doctor and Marseille hospital surgeon, Dr Giraudy de Boyon. It was soon rivalled by another establishment to the North on the Arenc beach, much easier to reach for the inhabitants: the Château-Vert. Giraudy de Boyon opened another competing establishment on the Arenc beach in 1825. But industrial development, then the decision to extend the port to the North and the presence of the soldiers of the Lazaret garrison, would soon put paid to these

permettant un accès facile aux plages de sable à l'embouchure de l'Huveaune, va permettre l'alternative et lancer la vocation du quartier. Rapidement, la Société des Bains de Mer du Prado, offre les premières cabines où l'on peut se changer en toute discrétion.

Cette vocation balnéaire de loisirs va se renforcer avec un autre chantier d'urbanisme considérable, la création de la Corniche qui permettra de rejoindre le centre-ville par l'une des plus belles promenades de Marseille et cette fois en bord de mer.

establishments. The cutting of the Prado, by allowing easy access to the sandy beaches at the mouth of the Huveaune, provided an alternative and launched the district's vocation. It wasn't long before the Société des Bains de Mer du Prado provided the first bathing cabins for people to change in private. This seaside leisure vocation was to be further enhanced by another great work of urban planning, the creation of the Corniche, which would connect to the city centre by one of Marseille's finest promenades, this time along the sea shore.

La plage à l'extrémité du Prado. (Archives municipales de Marseille. FI196).

Double page suivante La plage des Catalans.

Affiche pour l'adjudication des terrains des Catalans.

L'aventure de la Corniche et des Catalans.

La révolution de 1848, va amener son lot de bouleversements. Afin de lutter contre le chômage galopant, la création d'ateliers nationaux et communaux permet d'employer 6000 chômeurs à la réalisation de grands travaux. Si l'avantage d'une main d'oeuvre disponible est déterminant, il est alors clair pour les édiles qu'il faut occuper une population toujours prompte à la révolte. À Marseille, la commission municipale chargée des ateliers est évidemment placée sous la houlette de Frantz Mayor de Montricher (1810-

The adventure of the Corniche and Les Catalans.

The Revolution of 1848 brought its share of upheavals. In order to fight rising unemployment, national and local workshops were set up to give work to 6,000 unemployed, carrying out major projects. The availability of labour was a key advantage, but the authorities also knew they had to keep their ever-restive population occupied. In Marseille, the Municipal Commission in charge of the workshops was placed under the leadership of Frantz Mayor de Montricher (1810-1858), chief civil engineer who was already in

Double page suivante
La Corniche, Malmousque.

La Corniche,
G. Bordese.

1858), ingénieur en chef des Ponts et Chaussées déjà en charge du tracé du chemin de fer entre Lyon et Marseille et du faramineux chantier du Canal de Marseille. Ces ateliers vont lui permettre de réaliser les premiers nivellements du boulevard de la Corderie et surtout de mener à bien le chemin de ceinture du littoral, la Corniche, allant des plages du Prado à Endoume sur 3 kilomètres. En dix ans le chantier est quasiment achevé et s'arrête au vallon de la Fausse-Monnaie.

À l'autre bout de ce chemin de ceinture, dans le quartier des Catalans, là aussi tout change. En effet à la suite de sa visite en 1852, le prince président, Louis-Napoléon Bonaparte décide pour aider à l'extension des ports vers le nord, d'offrir à la ville les terrains militaires du Lazaret. Devenu empereur des Français, Napoléon III n'oublie pas Marseille et désire s'y faire construire une résidence. La municipalité, pour le remercier des terrains du Lazaret, propose au ministère de la Maison de l'Empereur les terrains entre l'anse de la Réserve et du Pharo. En 1855, l'affaire est faite. Le projet d'une résidence impériale voit le jour. Et après d'énormes travaux de terrassement, la première pierre du palais est posée en 1858. Mais il faut désenclaver le quartier et aménager de belles avenues

charge of laying out the railway between Lyon and Marseille and the huge project of the Marseille Canal. These workshops allowed him to carry out the preliminary levelling of the Boulevard de la Corderie and above all complete the coastal road, the Corniche, stretching 3 km from the Prado beaches to Endoume. Ten years later the project was almost finished and reached the Vallon de la Fausse Monnaie.

The other end of this ring road, in the Les Catalans district, everything changed too. Following his visit in 1852, the Prince-President Louis-Napoleon Bonaparte decided to help the extension of the ports to the North by giving the city the military land at Le Lazaret. On becoming Emperor of France, Napoleon III did not forget Marseille and wanted to build a residence there. To thank him for the land at Le Lazaret the municipality offered the Ministry of the Emperor's Household the lands between the La Réserve and Pharo coves. In 1855, the deal was done. The project of an imperial residence was born, and after major terracing work, the first stone of the Palace was laid in 1858. But the district had to be opened up with fine avenues to lead the Imperial cortège to the palace. The palace's architect,

conduisant au palais le cortège impérial. L'architecte du palais, Vaucher, doit réaliser le percement du boulevard de la Résidence (actuelle avenue Pasteur) rejoignant la Corderie prolongée par une immense place ovale dédiée au prince impérial (aujourd'hui place du 4 Septembre). Parallèlement, on reprend les

Vaucher, had to cut the Boulevard de la Résidence (today's Avenue Pasteur) to join an immense oval *place* extending the Corderie, dedicated to the Imperial Prince (today's Place du 4 Septembre).
At the same time, work was re-started on the Corniche between 1861 and

Un des grands ouvrages de la Corniche : le pont de la Fausse monnaie en cours d'achèvement en 1863 ; photographie de Terris.

Le vallon des Auffes.

travaux de la Corniche entre 1861 et 1863 vers les Catalans, avec la construction des viaducs de la Fausse-Monnaie et du vallon des Auffes, le tout sur les plans du génial Montricher, mort prématurément en 1858. La perspective d'une vie de cour va faire s'agiter toutes les ambitions. Le petit village des pêcheurs catalans, qui avait inspiré à Alexandre Dumas l'inoubliable Mercédès, dans son Monte-Cristo, va devenir la proie des investisseurs. En 1857 une nouvelle Société civile des Catalans Saint-Lambert est créée. À la tête de cette société on trouve à partir de 1861 le puissant et dynamique patron de presse parisien Émile de Girardin. Il invente un quartier à la fois balnéaire et aristocratique avec villas, grands hôtels, bains de mer, casino. Pour désenclaver encore plus ce nouveau quartier, l'influent Girardin persuade l'empereur et le gouvernement de déclasser une partie de la citadelle Saint-Nicolas pour percer un boulevard allant directement des Catalans au Vieux-Port. Le boulevard de l'empereur est né (actuel boulevard Charles Livon). Mais l'empereur se désintéresse peu à peu de sa résidence, où il ne viendra pas. Et, le pharaonique projet Girardin ne verra pas le jour. Cependant, les Catalans y auront gagné un tracé régulier et un établissement de bains de mer fort réputé. Quand au

1863 towards Les Catalans, with the construction of the viaducts of La Fausse Monnaie and the Vallon des Auffes, from plans left by the great Montricher, who had died prematurely in 1858. The prospects of court life stirred everyone's ambitions. The small village of Catalan fishermen, which had inspired Alexandre Dumas to create the unforgettable Mercedes in his *Count of Monte-Cristo*, became prey to investors. In 1857 a new Société Civile des Catalans Saint-Lambert was founded. At its head from 1861 was the powerful and dynamic Parisian press baron Émile de Girardin. He planned for a seaside and aristocratic district with villas, grand hotels, sea bathing and a casino. To open up this new district even more, Girardin used his influence to persuade the Emperor and the government to delist part of the Citadelle Saint-Nicolas to cut a boulevard going directly from Les Catalans to the Old Port. The Boulevard de l'Empereur was born (today's Boulevard Charles Livon). But the Emperor gradually lost interest in his residence, which he did not visit. And Girardin's colossal project was not realised. However, Les Catalans did gain a regular layout and a renowned sea-bathing establishment from it. Once the Empire fell, the Pharo Palace was restored to

Palais du Pharo, une fois l'Empire tombé, il fut rendu à l'impératrice Eugénie. La ville s'attaqua alors à l'impératrice pour récupérer le palais. Celle-ci l'offrit finalement à la ville après une longue procédure dont elle sortit gagnante. Entre 1904 et 1954, le palais sera le siège de la faculté de médecine. On l'aura compris, il était impératif de relier l'ensemble des quartiers élégants de la ville. Ainsi entre 1840 et la fin du

the Empress Eugénie. The city confronted the Empress to regain the palace, and she finally gave it back to the city after a long process from which she emerged the winner. Between 1904 and 1954, the palace housed the Faculty of Medicine.

It is easy to understand that it was imperative to connect the city's elegant districts. So between 1840 and the end of the Second Empire, the face of

La promenade de la Corniche sous le Second Empire, 1864. (Archives municipales de Marseille. FI1302).

Le Pharo

Le boulevard de l'Empereur (aujourd'hui Charles Livon) et la Résidence impériale du Pharo.

Second Empire, la physionomie des quartiers sud a été profondément modifiée. De la résidence impériale on peut se rendre par le centre-ville et l'élégant Cours Bonaparte (actuel cours Pierre Puget) jusqu'à la Préfecture et de là, par Castellane et l'imposant Prado, rejoindre la Corniche et revenir par les Catalans pour déboucher sur le quai de Rive Neuve. La boucle est bouclée.

the Southern districts was completely transformed. From the Imperial Residence it was now possible to get to the city centre and the elegant Cours Bonaparte (today's Cours Pierre Puget) as far as the Prefecture and from there, via Castellane and the imposing Prado, get onto the Corniche and return via Les Catalans onto the Quai de Rive Neuve. The circle was thus complete.

La diversité des premiers lotissements.

Avec le Second Empire, les choses ont aussi changé côté Prado. Dès la place Castellane on remarque une modification de taille. En 1857 et 1861, la municipalité acquiert des terrains pour donner une ouverture au boulevard Baille sur la place et à l'est vers le ruisseau du Jarret. Une nouvelle avenue de 1 300 mètres voit le jour. Plus loin sur le côté ouest du premier Prado, le négociant Hercule Perrier obtient l'autorisation en 1848, de créer un boulevard reliant sa propriété au Prado. C'est sur le Prado, proche du boulevard Perrier, que s'installera en 1901 le petit hôtel de la Société des Architectes, élevé par Frédéric Lombard. Cet immeuble démontre par son style « académique », le peu d'enthousiasme à Marseille pour le cou-

The diversity of the first subdivisions.

With the Second Empire, things also changed at the Prado end. From Place Castellane a change in scale could be observed. In 1857 and 1861, the municipality acquired land to open Boulevard Baille onto the Place and to the East towards the Jarret stream. A new 1,300-metre-long avenue took shape. Further along the west side of the first Prado, the merchant Hercule Perrier obtained permission in 1848 to create a boulevard connecting his property to the Prado. At the bottom of this boulevard would be the site for Frédéric Lombard's modest headquarters of the Société des Architectes in 1901. This building's "academic" style demonstrated Marseille's lack of enthusiasm for the fashionable Art-

MARSEILLE - LE PRADO
THE PRADO

rant Art-nouveau. En 1854 c'est la rue Paradis qui est prolongée jusqu'au boulevard Perrier, et par la suite jusqu'au second Prado. C'est du coup le quartier de Saint-Giniez qui va se retrouver désenclavé.

Petit à petit le premier Prado se voit occupé par des immeubles locatifs de standing, des artisans, des auberges, pensionnats religieux et la première succursale des alcools Amer Picon (avant son transfert au boulevard National, près de Longchamp). Côté est de l'avenue, vers le Rouet, on trouve aussi la gendarmerie, des fonderies, la Société des allumettes françaises et les ateliers du grand marbrier Jules Cantini. Ces activités industrielles sont favorisées par la création en 1867

Nouveau style. In 1854 it was the turn of the Rue Paradis to be extended as far as the Boulevard Perrier, and later to the second Prado. Suddenly the Saint-Giniez district found itself opened up. The first Prado gradually filled up with elegant rented buildings, craftsmen, inns, religious boarding schools and the first branch of Amer Picon Alcohols (before its transfer to Boulevard National, near Longchamp). On the East side of the avenue, towards Le Rouet, we also find the Gendarmerie, foundries, the French Match Company and the studios of the great marble worker Jules Cantini. These industrial activities received a boost from the creation of the South or Prado goods station in 1867, which corresponded

*les arènes
de Marseille.
(Fonds rares et
précieux, B.M.V.R.
de Marseille -
2-53A1169).*

*Le Prado,
carte postale,
circa 1900.*

52. MARSEILLE — *Le Prado, vu du Rond-Point* - E. L.

*Le rond-point
du Prado, rendez-
vous des élégances,
1876.
(MHM 82-108).*

de la gare de marchandises du Sud ou du Prado, qui répond à celle d'Arenc au nord et rejoint celle de la Blancarde. En 1908, l'ouverture du boulevard du Sud (actuel Cantini) conduira de la place Castellane au parvis de la gare. Les transports publics se développent : dans les années 1870 on installe une ligne de tramways à chevaux, roulant sur des rails. Pour permettre le tour du rond-point en direction de la plage on supprime la fontaine centrale dessinée par Montricher. Au tournant du siècle, les tramways deviendront électriques avec la Cie. générale française des tramways.

Attraction de taille, ouvre en 1897, sur le Prado, puis déplacé place Castellane, l'Eldorado : café-concert de 3 000 places, rivalisant avec l'Alcazar et le Palais de Cristal en centre- ville. En 1905, ce sera l'une des premières salles à proposer des séances de projections cinématographiques durant toute la saison d'hiver.

Au rond-point, loin de l'effervescence urbaine du premier Prado, l'ambiance est plus festive. Dès 1861, on aménage des arènes dans le Château des Fleurs. En effet, les marseillais sont amateurs de spectacles taurins depuis la fin de l'Ancien Régime… Sur le Prado, un tel spectacle s'imposait. En 1881, on en installe de nouvelles sur le

to the Arenc station to the North and connected to the station of La Blancarde. In 1908, the opening of the Boulevard du Sud (today's Cantini) connected the station's forecourt to Place Castellane. Public transport was developed: in the 1870s a horse-drawn tramway was installed, running on rails. Montricher's fountain in the centre of the roundabout had to be removed to allow the tram to turn in the direction of the beach. At the turn of the century, the trams became electric with the Cie. Générale Française des Tramways.

A big attraction which opened on the Prado in 1897, then moved to Place Castellane, was the Eldorado: a 3,000-seater cabaret café, rivalling the Alcazar and the Palais de Cristal in the city centre. In 1905, it was one of the first rooms to offer cinema screenings throughout the winter season.

At the roundabout, far from the urban bustle of the first Prado, the ambiance was more festive. From 1861, a bull-ring was erected in the Château des Fleurs. The Marseillais had been fond of bull-fighting shows since the end of the Ancien Régime, so naturally the Prado would not be complete without such a spectacle. In 1881, a new bull-ring was installed on the Prado, towards Le Rouet. But the Arènes du

Le parc Borely et sa cascade en 1864.

Prado, vers le Rouet. Ces Arènes du Rouet seront le cadre du « catastrophe spectaculaire » la même année, avec l'écroulement d'une tribune. On reconstruira des arènes, sur l'autre rive du Prado : les Nouvelles Arènes Marseillaises en 1899. Entre 1889 et 1896 on trouve aussi des arènes dans le quartier des Catalans. Les dernières arènes marseillaises fermeront seulement en 1959, marquant ainsi la fin de la passion tauromachique chez les marseillais.

Le second Prado connaît, quand à lui, une croissance plus paisible. Forcément moins urbain, Il devient rapidement le chantre de la bonne société qui s'y fait

Rouet would be the scene of a spectacular catastrophe the same year with the collapse of a grandstand. A bullring was rebuilt on the other side of the Prado: the Nouvelles Arènes Marseillaises in 1899. Between 1889 and 1896 there was also another bullring in the Les Catalans district. Marseille's last bullring only closed in 1959, thus marking the end of the Marseille public's bullfighting craze.

On the other hand the Second Prado grew at a calmer pace. Inevitably less urban, it soon began to attract the upper classes who built some fine villas there. At the very end, towards the sea, on the other side of the

construire de belles villas. Tout au bout, vers la mer, de l'autre côté de l'Huveaune, le parc Borély est devenu un espace de promenade des plus élégants. Le château, élevé pour la famille Borély à la fin des années 1760 sur des plans des architectes Clérisseau, Peyre et Brun est l'un des plus majestueux de la région. En 1855, Paulin Talabot (1799-1885), acquiert le domaine auprès des marquis de Panisse-Passis, descendants des Borély. Talabot, est le grand artisan du chemin de fer à Marseille. Entre 1849 et 1857 il relie Paris à Marseille et forme le puissant réseau Paris-Lyon-Méditerranée (P.L.M.). Il prolonge aussi la ligne jusqu'à Toulon. En 1856, il obtient la concession des nouveaux bassins du

Huveaune, Borély Park became one of the most elegant spaces for walking. The Château, built for the Borély family at the end of the 1760s from plans by the architects Clérisseau, Peyre and Brun is one of the most majestic of the region. In 1855, Paulin Talabot (1799-1885), acquired the estate from Borély's descendants, the Marquesses of Panisse-Passis. Talabot was Marseille's great railway engineer. Between 1849 and 1857 he connected Paris to Marseille and formed the powerful Paris-Lyon-Méditerranée (P.L.M.) network. He also extended the line as far as Toulon. In 1856, he obtained the concession for the new basins in the port and created the Compagnie des

La plage, près du champ de course du château Borély, 1864.

*Le parc Borély,
la roseraie
et le pont japonais
sur le lac.*

port et crée la Cie des Docks. La même année il cède Borély à la ville pour une vingtaine d'hectares sur les hauteurs du Roucas-Blanc. Là, il se fait construire un château de style éclectique en brique et pierre entouré d'un des plus beaux parcs privés de la ville, descendant en pente douce jusqu'à la Corniche (aujourd'hui le parc est mis en lotissement). À Borély la municipalité réalise plusieurs aménagements sous la conduite de l'ingénieur Gassend, directeur de la voirie. Devant le château,

Docks. The same year he gave Borély to the city in return for some fifty acres on the heights of Roucas-Blanc. There he had a château built in an eclectic style in brick and stone surrounded by one of the city's most beautiful private parks, sloping gently down to the Corniche (today the park has been subdivided). At Borély the municipality carried out several adaptations under the guidance of the engineer Gassend, director of roads. In front of the château, which had been con-

Double page
suivante
*Le lac du parc
Borély.*

Le boulevard Michelet.

transformé en musée, il restitue un jardin à la française en harmonie avec la noblesse néoclassique de l'architecture. À l'est, place au jardin pittoresque à l'anglaise avec ses allées sinueuses, sa roseraie, son lac, ses fabriques, ses cascades, ses grottes rafraîchissantes. Et sur la partie ouest du domaine, en front de mer on crée un hippodrome qui devient, dès son inauguration en 1860, un des lieux les plus chics de la ville. De 1890 à 1895, la municipalité entreprend le percement du boulevard Michelet à partir du rond-point et dans l'axe du premier Prado, réalisant ainsi le dernier tronçon de cet axe nord/sud, qui depuis l'agrandissement de Pierre Puget, n'a cessé de fasciner. Là, comme

verted into a museum, he restored a French-style garden in harmony with the neo-classical nobility of the architecture. To the East, there was room for a picturesque English-style garden with its winding alleys, its rose garden, its lake, its ornamental buildings, its waterfalls and its refreshing grottoes. And on the Western part of the estate, on the seafront, a race course was inaugurated in 1860 which became one of the city's smartest places to be. From 1890 to 1895, the municipality undertook the cutting of the Boulevard Michelet to continue the first Prado from the roundabout, thus completing the last stretch of this North/South axis, which has fascinated people ever

sur le second Prado, on trouve villas et anciennes bastides. La plus célèbre, au coeur de son jardin, pourtant amputé par le percement, la Magalone, a été édifiée à la fin du XVIIe siècle pour le riche négociant Magalon. Le jardin, reconstitué au début du XXe siècle et devenu public depuis, bassins et statuaire italianisante, offre encore un espace de détente.

since the enlargement work of Pierre Puget. There we find villas and old country houses like those on the second Prado. The best known, the Magalone, set in its garden truncated by the boulevard, was built at the end of the 17th century for Magalon, a rich merchant. The garden, restored in the early 20th century and since opened to the public, has ponds and Italianate statuary in a restful space.

La Magalone, une bastide du XVIIe siècle sur le boulevard Michelet.

Le château Berger exemple des folies de la Corniche.

Entre Prado et Catalans : les fastes de la Corniche.

Between Prado and Catalans: the glory days of the Corniche.

Portail de villa.

Du Second Empire au tournant du XXᵉ siècle, le front de mer va également prendre vie. Les nouvelles fortunes, privées de bastides dans le terroir, à l'instar des vieilles familles marseillaises, se font construire de véritables folies sur ce front de mer désormais accessible. On l'a vu, Talabot, avec son ébouriffant domaine, donne le ton. Et que dire du breton Édmond-Marie Houitte de la Chesnaye, dont l'étonnante villa Castellamare évoque

From the Second Empire to the turn of the 20th century, the seafront would also come to life. New fortunes, not having the country seats of the old Marseille families, built some real follies on this newly-accessible seafront. We have already seen how Talabot set the tone with his breathtaking estate. And what can be said about the Breton Edmond-Marie Houitte de la Chesnaye's astonishing villa Castellamare with its flashy whiteness, reminiscent

La villa Valmer.

La villa Gabrielle.

dans son éclatante blancheur, les fastes de Chambord et de la cour des Valois. Cette villa, rachetée en 1907 par Berger, dont l'absinthe et bientôt l'anisette sont de grands succès, devient alors Château Berger. Aujourd'hui, la villa est devenue un centre de thalassothérapie et d'esthétique. À deux pas, sur la colline dominant l'anse de la Fausse-Monnaie, c'est le savonnier Charles Gounelle, bientôt allié aux Charles-Roux, qui fait élever la somptueuse villa Vague-à-la-Mer, par contraction Valmer. Outre l'étonnant pastiche Louis XV de l'architecture, l'industriel fait aménager un parc magnifique qui serpente jusqu'à la Corniche. Là, fantaisie des fabriques en rocaille et plantes exotiques alternent dans un spectacle toujours renouvelé de couleurs et de parfums suaves.

La Corniche, loin d'être un lieu réservé à l'unique villégiature est aussi un espace scientifique d'importance. Pour preuve, en 1884, en contrebas de la villa Valmer, les Ponts et Chaussées établissent le Marégraphe, pour calculer le niveau 0 de la mer et calculer les altitudes en France. Sur la presqu'île d'Endoume la faculté des sciences ouvre une station marine avec un aquarium. Désormais, sur le rivage, les bains de mer se multiplient. Des grands bains des Catalans à ceux de la

of the pomp of Chambord and the Valois court? This villa, bought in 1907 by Berger (famous for his very popular absinthe and later for his anisette), then became the Château Berger. Today the villa has become a thalassotherapy and beauty treatment centre. Close by, on the hill overlooking the cove of La Fausse Monnaie, the soapmaker Charles Gounelle, soon to be associated with the Charles-Roux, erected the sumptuous villa Vague-à-la-Mer, or Valmer for short. Apart from the astonishing Louis XV pastiche of the architecture, the industrialist had a magnificent park laid out winding down to the Corniche. There, in a fantasy world, *rocaille* ornamental buildings and exotic plants alternate in an ever-renewed display of colours and sweet perfumes.

Far from being a place reserved for holiday homes alone, the Corniche was also an important scientific area. In 1884, the Department of Civil Engineering set up the "marégraphe" - or tidal recorder below the villa Valmer, to calculate sea-level and thus calculate altitudes in France. The Endoume peninsula was chosen by the Faculty of Sciences as the site for a marine station with an aquarium.

On the shoreline, sea bathing now took off in a big way. From the large baths at Les Catalans to those of the Prado

Le château Talabot, ou les triomphes de l'éclectisme architectural du Second Empire.

Double page suivante
Villa en belvédère à la pointe de Malmousque.

Le Marégraphe
où s'établit
le niveau zéro
permettant
le calcul des
altitudes.

plage du Prado, plusieurs petites concessions sont allouées: Fauchier, Isnardon, Vernet…. Parmi ces réalisations, deux plus spectaculaires méritent l'attention. En 1875, en contrebas du Roucas-Blanc, la Société des Bains de Mer du Roucas ouvre un établissement exceptionnel associant le thermalisme à la balnéothérapie marine. On y exploite « une source d'eau chaude d'une température constante de 22 degrés centigrades dont les effets sont analogues à ceux des eaux de Sedlitz ou de Palma (stations thermales tchèques à la mode) et propre,

beach, several small concessions were allotted including Fauchier, Isnardon, and Vernet. Two spectacular works from among these constructions deserve special attention. In 1875, the Société des Bains de Mer du Roucas opened an exceptional establishment combining hot baths with seawater balneotherapy below the Roucas-Blanc. It used "*a source of hot water at a constant temperature of 22 degrees centigrade with similar effects to the waters of Sedlitz or Palma (fashionable Czech health resorts) and therefore likely to become a powerful aid for successfully fighting various ill-*

*Henri Mariel,
Affiche pour
l'aquarium
et de la Station
Marine
d'Endoume,
1940.*

par conséquent, à devenir un auxiliaire puissant pour combattre avec succès diverses maladies » décrit le Livre d'Or de la Société des Bains du Roucas en 1877. On y trouve bien sûr des installations hydrothérapiques, un hôtel, un restaurant, des cabines et une jetée séparant la baignade pour les hommes d'un côté et les femmes et les enfants de l'autre. Aujourd'hui l'hôtel Palm Beach a pris la place des bains, mais à l'intérieur on peut toujours découvrir la grotte et la source qui ont fait la fortune du lieu. En 1903, vient le tour des Bains Martin. Ce riche négociant s'associe avec le docteur Heckel (professeur à la faculté de sciences et créateur de l'École de santé coloniale) pour ouvrir un sanatorium héliomarin. Mais,

nesses" to quote the *Livre d'Or de la Société des Bains du Roucas* in 1877. There were of course hydrotherapeutic installations, a hotel, a restaurant, cabins and a jetty separating the men's bathing area from the women and children on the other side. Today the Palm Beach hotel has replaced the baths, but inside one can still visit the cave and the spring which made the place's fortune. In 1903, it was the turn of the Bains Martin. This rich merchant teamed up with Doctor Heckel (professor at the Faculty of Sciences and founder of the School of Colonial Health) to open a sun-and-sea sanatorium. But this charitable work, originally destined for needy children, did not get off the ground on the glorious Cor-

Les bains de mer du Roucas-Blanc, un équipement de pointe au XIXe siècle. (Archives Municipales de Marseille. FI209).

*La terrasse du
centre héliomarin
Jean Martin.*

cette oeuvre charitable destinée un
premier temps aux enfants nécessiteux
ne fera pas école sur la fastueuse Corniche. D'ailleurs les populaires caba-
nons et guinguettes d'Endoume et du
vallon des Auffes sont regardés par
l'élite mondaine comme des verrues.
La promenade est aussi célèbre pour
ses restaurants auxquels on peut accé-
der facilement en tramways et, à partir
de 1880, en taxis maritimes en prove-
nance du Vieux-Port. Si le Miramar, à
l'angle du vallon de l'Auriol attire, la
Réserve Roubion reste un must. Le Toulonnais Marius Roubion possédait dès la
Monarchie de Juillet un établissement

niche. In addition, the low-class beach
bars and open-air cafés of Endoume and
the Vallon des Auffes were regarded as
eyesores by the sophisticated élite.
The promenade was also famous for its
restaurants - within easy reach by tram
and, from 1880 onwards, by sea-taxi
from the Old Port. The Miramar, at the
corner of the Vallon de l'Auriol, drew
the crowds, and the Reserve-Roubion
was a must. The Toulonnais Marius
Roubion had owned a very fashionable
establishment in the cove of La Réserve
since the days of the July Monarchy.
The construction of the imperial residence at the Pharo incited him to set

RESTAURANT MIRAMAR
Promenade de la Corniche - Marseille

très à la mode dans l'anse de la Réserve. La construction de la résidence impériale au Pharo le pousse à s'installer sur la Corniche en 1860. Le bâtiment, tel une villa en belvédère, offre, de ses terrasses et galeries, un panorama non moins incomparable que les spécialités du chef. Il disparaîtra à la fin des années 1960 pour laisser place à une résidence tout aussi luxueuse. Plus loin, à l'angle du Prado, c'est le Grand Casino de la Plage qui brille. À cet emplacement avait ouvert dans les années 1870, le cabaret de Jean-Pierre Gontard. En 1886, la gestion passe au limonadier Pierre Giroudy qui va transformer le lieu

up shop on the Corniche in 1860. The building's terraces and galleries, laid out like a belvedere villa, offered a panorama as exquisite as the chef's specialities. It was to disappear at the end of the 1960s to be replaced by an equally luxurious residence. Further along at the corner with the Prado, the Grand Casino de la Plage stands out. This was the site where Jean-Pierre Gontard had opened his cabaret in the 1870s. In 1886, the management passed into the hands of lemonade maker Pierre Giraudy, who was to transform the place into a real fun palace. The little Cabaret Gontard soon

le restaurant Miramar sur la Corniche.

*La galerie
et la terrasse
du restaurant
La Réserve-
Roubion*

MARSEILLE'S. - Palace-Hôtel
Restaurant " La Réserve "
Promenade de la Corniche
Vue des Terrasses et Galeries

P. Blanchard

en véritable établissement de plaisirs. Au Petit Cabaret Gontard se substitue bientôt le Palace Casino de la plage. Le café-restaurant avec terrasses face à la mer ouvre sur le Prado. À l'arrière un merveilleux parc ombragé offre bientôt d'autres distractions. Giroudy y fait élever une salle de spectacles et un kiosque à musique. Ainsi, aux banquets et bals viennent s'ajouter les spectacles de café-concert très à la mode. Y défilent les vedettes marseillaises mais aussi celles des Folies Bergères, du Moulin Rouge, du Casino de Paris… De 1904 à 1907, sous le regard méfiant de la préfecture de police, le Casino, par un subtil détournement de la loi sur les associations de 1901, ouvre un cercle de jeu très couru par la *gentry* locale. Le demi-monde de la Côte d'Azur y afflue. Après 1907 le Casino devient plus fréquentable. On y donne des opéras, bals

became the Palace Casino de la Plage. The café-restaurant with terraces facing the sea opened onto the Prado. At the back a marvellous tree-shaded park soon offered other distractions. Giroudy had a cabaret theatre and a bandstand built, so adding the very fashionable cabaret café shows to the banquets and balls. Through its doors passed the stars of Marseille and those of the Folies Bergères, the Moulin Rouge, and the Casino de Paris, amongst others. From 1904 to 1907, under the watchful eye of the Préfecture de Police, the Casino, exploiting a subtle loophole in the 1901 associations law, opened a gambling circle, which was very popular with the local gentry. The Côte d'Azur *demi-monde* flocked there. After 1907 the Casino became more respectable. It put on events such as operas, charity balls,

Vue de la Corniche avec La Reserve-Roubion.

*Le Casino
de la plage,
lors de la visite
du président
de la République
Millerand,
en 1922.*

*Le restaurant
et la salle
de spectacle
du casino
de la plage.*

RESTAURANT DU CASINO DE LA PLAGE — MARSEILLE

E. BAUDOIN, Directeur.

de charité, concerts… avant que les revues de music-hall ne reviennent en grâce. L'établissement ferme en 1926 et cède la place à une villa de style Art déco, construite par Gaston Castel : la villa Éolienne, transformée en restaurant de luxe en 1933, puis en dancing. Détruite à l'aube des années 1960, des immeubles d'habitation la remplaceront bien vite.

Au début du XXᵉ siècle, l'élégance des immeubles, l'ombre salutaire des avenues, équipements modernes et performants, éclectisme débridé des villas, luxuriance des jardins, bains de mer et multiples divertissements font des quartiers entre Prado et Corniche plus qu'une réussite, le nec plus ultra de la ville. Et c'est là, que va avoir lieu la plus spectaculaire manifestation jamais organisée à Marseille : l'Exposition coloniale de 1906.

and concerts before music-hall revues returned to favour. The establishment closed in 1926 and was replaced by an Art-Déco style villa, the Villa Éolienne, built by Gaston Castel. This was converted into a luxury restaurant in 1933 then into a dance-hall. It was demolished in the early 1960s, to be quickly replaced by blocks of flats.

At the beginning of the 20th century, the elegance of the buildings, the welcome shade of the avenues, modern and high-quality facilities, the uninhibited eclecticism of the villas, the luxuriance of the gardens, sea bathing and plenty of provision for entertainment made the districts between Prado and Corniche more than just a success, they became the city's bright spot. What better site for the most spectacular event ever organised in Marseille: the Colonial Exhibition of 1906.

La villa Éolienne, manifeste Art déco de Gaston Castel.

David Dellepiane, affiche de l'Exposition coloniale de 1906. (CCI Marseille Provence).

N COLONIALE
SEILLE 1906

D'une exposition coloniale à l'autre
From the Colonial Exhibition to Another

Un contexte favorable

A favourable context

Passant de plus de 300 161 habitants en 1866 à plus de 500 000 en 1901, Marseille continue son expansion amorcée avec la Monarchie de Juillet. Elle est devenue la seconde ville de France. Port mondial de commerce, grand port de voyageurs, elle est la Porte de l'Orient, capitale incontestée du vaste Empire colonial français. Le second après l'Empire britannique. La France est présente en Afrique du Nord, en Afrique noire, en Indochine, aux Antilles, en Guyane, à la Réunion, aux Indes… l'outre-mer est de tradition un espace de développement pour la ville. Et, sans remonter à l'Antiquité, les Échelles du Levant à partir du XVIe siècle, avaient assuré la prospérité commerciale de la cité phocéenne.

Growing from over 300,161 inhabitants in 1866 to over 500,000 in 1901, Marseille continued the expansion it had started with the July Monarchy, and became France's second city. A world commercial port, a major passenger port, it was the door to the East, the uncontested capital of France's vast colonial empire, second only to the British Empire. France was present in North Africa, black Africa, Indochina, the West Indies, Guyana, Reunion Island, the Indies and elsewhere, and "overseas" traditionally provided scope for development in the city. And without going back as far as Antiquity, the Levantine trading posts had, from the 16th century, ensured Marseille's com-

Jules Charles-Roux, commissaire général de l'Exposition coloniale.

Depuis 1893, Marseille possède son Institut colonial avec musée et jardin botanique. Partout dans l'Empire les négociants marseillais imposent leur dynamisme. À Paris, dès 1855, les expositions universelles accordent une place aux colonies. La section coloniale de l'Exposition de 1900 est un triomphe. Son commissariat général est assuré par le plus parisien des marseillais : Jules Charles-Roux (1841-1918), industriel, ancien député, célèbre mécène, président honoraire de la très prestigieuse Société de Géographie marseillaise et ardent défenseur de la cause coloniale et de sa ville dans les milieux politiques de la capitale. Marseille a cependant été secouée par d'importants mouvements sociaux entre 1901 et 1902. Il faut redorer l'image de la ville.

C'est dans ce contexte que le docteur Édouard Heckel, que nous avons rencontré plus haut, soumet à la Société de Géographie en 1902, le projet d'une exposition coloniale à Marseille. Très vite l'idée fait mouche, tant auprès des notables de la société savante, que de la Chambre de commerce, du conseil général et de la municipalité et de son maire l'entreprenant Amable Chanot. Tous financeront cette incroyable aventure prévue pour 1906. Jules Charles-Roux fort de son expérience est nommé commissaire général et est assisté du

docteur Heckel. Il réussit à convaincre le gouvernement, a priori hostile, de soutenir l'entreprise. Plusieurs commissions sont créées afin d'assurer le succès de l'opération. Le budget est estimé à 3 250 000 francs. Pour les commis-

rama de l'Exposition Coloniale de Marseille. 1906.

tions allotted space to the colonies. The colonial section of the 1900 Exhibition was a triumph. The exhibition was organised by the most Parisian of the Marseillais: Jules Charles-Roux (1841-1918), industrialist, former member of parliament, renowned patron of the arts, honorary chairman of the very prestigious Marseille Geographical Society and ardent defender of the colonial cause and of his city in the capital's political circles. Marseille had, however, been shaken by powerful social unrest between 1901 and 1902, and it was time to clean up the city's image.

It was in this context that Doctor Edouard Heckel, whom we met earlier, submitted the project of a colonial exhibition in Marseille to the Geographical Society in 1902. The idea quickly took hold, among the notables of the scholarly society, the Chamber of Commerce, the Départemental Council, the municipality and its mayor, the enterprising Amable Chanot. All of them financed this incredible adventure planned for 1906. Jules Charles-Roux was chosen as head of the commission on the basis of his experience and was assisted by Doctor Heckel. He succeeded in persuading the government, initially against the idea, to support the project. Several commissions were created to ensure the success of the operation. The budget was estimated at

mercial prosperity. From 1893, Marseille had its own Colonial Institute with its Museum and Botanical Garden. The dynamism of Marseille's merchants was influential throughout the Empire. In Paris, from 1855, the Universal Exhibi-

Vue panoramique de l'exposition coloniale de 1906, carte postale. (CCI Marseille-Povence).

saires il s'agit certes, d'offrir un dérivatif aux luttes sociales, mais surtout de démontrer l'utilité de la colonisation pour Marseille et la France, faire réaliser à l'ensemble du pays la cohésion nécessaire entre métropole et colonies, les deux participant de concert à la grandeur de la Nation. Il faut aussi montrer que la ville n'est pas un simple port de transit mais que ses industries transforment sur place la majeure partie des produits de l'Empire. L'Exposition doit être à la fois un rendez-vous commercial mais également un enseignement. La présentation des colonies sera avant tout didactique. Entre 1902 et l'ouverture de l'Exposition toutes les difficultés sont surmontées. Ce sont plus de 600 personnes qui vont travailler au grand oeuvre : personnels administratifs, techniques, architectes, géomètres, dessinateurs, ouvriers sans compter les personnels de l'Empire (fonctionnaires, artisans, comédiens, musiciens, danseurs…).

Le choix de l'emplacement est vite résolu malgré les vingt-six propositions. Il faut trouver au moins 20 hectares et c'est tout naturellement vers le rond-point du Prado que l'on se tourne. En effet, si on associe l'immense champ de manoeuvres du 15e corps d'armée, les terrains de la Cie du P.L.M. et quelques propriétés privées, on atteint 30 hec-

tares. D'autre part, le site, depuis le Château des Fleurs est largement habitué à la fête. On y avait vu « une salle des fêtes, l'Élysée, dès 1856 ; un vélodrome à partir de 1884 ; dans les années 1890, les premières heures du football à Marseille ; dès 1905 un water toboggan

Le Water Toboggan, une des attractions spectaculaires de l'exposition, carte postale. (CCI Marseille-Provence).

and the colonies, the two joining hands for the greater good of the Nation. It was also necessary to show that the city was not a mere transit port but that its industries were transforming the greater part of the Empire's produce *in situ*. The exhibition had to serve an informative as well as a commercial purpose. The presentation of the colonies would above all be educational. Between 1902 and the opening of the Exhibition, all the difficulties were overcome. Over 600 persons went to work on the grand project: administrative staff, technicians, architects, surveyors, draftsmen and workmen, without counting the Empire's workers (officials, craftsmen, actors, musicians, and dancers etc.).

The choice of a site was quickly resolved, despite the flood of 26 proposals. At least 50 acres had to be found and the natural place to look was by the Prado roundabout. And indeed, by adding the immense training ground of the XVth Army Corps, the land of the Cie. du P.L.M. and some private properties, it was possible to reach 75 acres. In addition, the area was well used to festivities from the Château des Fleurs. There had been "a community hall, the Elysée, from 1856; a cycling circuit from 1884; the 1890s had seen the beginnings of football in Marseille; from 1905 a Water Slide (…) which in 1906 was to become one

3,250,000 francs. For the organisers it was certainly a way to offer a distraction from the social strife, but above all a way to demonstrate the advantages of colonisation for Marseille and France, to wake the whole country up to the need for cohesion between the metropolis

(…) qui sera encore en 1906 l'un des clous de l'Exposition coloniale » (Pierre Echinard). Très vite les travaux sont entrepris et le plan général de l'Exposition est dressé par l'architecte en chef de la ville Léonce Muller assisté d'Étienne Bentz. Il faut aller vite : moins de deux ans. Il faut clôturer, niveler, construire et aménager les pavillons, amener l'eau, les égouts, le gaz et l'électricité, planter pelouses, arbres, fleurs… trop peu de temps pour construire en dur : les pavillons ne seront pas conservés. Pour autant, l'organisation de l'Exposition avec son entrée sur le rond-point et son ordonnance autour d'une grande allée centrale menant au Grand Palais restera. Elle est encore de nos jours la trame du Parc des Expositions et des Congrès.

L'Exposition coloniale de 1906 : les éléments d'une réussite.

L'Exposition ouvre ses portes le 14 avril 1906, après une grande campagne de communication internationale. L'ensemble est féerique avec plus de 6 400 exposants.
Le Grand Palais avec sa façade à colonnade de 150 mètres attire dès l'entrée. Sa superficie s'étend sur 1 hectare. Son style éclectique et son décor sculpté abondant ne sont pas sans rappeler les fastes du

of the Colonial exhibition's star attractions" (Pierre Echinard). Work soon got under way and the general plan of the exhibition was drawn up by the city's head architect Léonce Müller, assisted by Etienne Bentz. It had to be done quickly; there were less than two years left. The site had to be fenced and levelled, the pavilions had to be built and fitted, water, drains, gas and electricity had to be brought in, lawns, trees, flowers etc. planted. There was too little time to build permanent structures: the pavilions would not be preserved. However, the organisation of the exhibition with its entrance at the roundabout and its layout around the wide central avenue leading to the grand palace would be kept. It still forms the nucleus of the Exhibition and Congress Park today.

The 1906 Colonial exhibition: the makings of a success.

The Exhibition opened its doors on April 14th 1906, after a major international publicity campaign. The whole effect was fairylike with over 6,400 exhibitors.
The Grand Palais with its 150-metre colonnaded façade enticed people from the entrance. It covered an area of 2½ acres. Its eclectic style and sumptuous sculpted décor were somewhat reminis-

Le pavillon de la Cochinchine, carte postale. (CCI, Marseille-Provence).

Le pavillon des anciennes colonies, carte postale. (CCI Marseille-Provence).

Double page suivante *Le palais de la Tunisie, carte postale. (CCI Marseille-Provence).*

16 – Exposition Coloniale MARSEILLE 1906. Pavillon de la Cochinchine

Photo-ateliers Baudouir Vincent. Marseille.

Grand Palais à Paris. Construit avec des fondations en béton et une charpente métallique, il est un des rares bâtiments à devoir durer. Il contient, une salle des fêtes, un grand hall d'exposition et des galeries annexes. On y trouve une impressionnante exposition organisée par le conservateur du musée des Beaux-Arts sur l'art provençal. Plus de 1 252 numéros sont réunis : peintures, sculptures, dessins, faïences, mobilier, gravures, bijoux… racontent la Provence. Dans le grand hall, les entreprises marseillaises donnent rendez-vous : huiles, savons, alimentation, habillement, ameublement, outillage, produits chimiques, compagnies maritimes… prouvent le dynamisme des entrepreneurs locaux. Pour autant, les dix pavillons de la lointaine Indochine restent les plus impressionnants. Là, défilent les trésors du Tonkin, d'Annam, du Laos, du Cambodge et de la Cochinchine. Un jardin exotique et une flottille de jonques viennent compléter l'ensemble. Le public est conquis, et comment ne pas l'être, devant la réplique d'une tour du Bayon d'Angkor, d'une rue d'Hanoi avec ses brodeurs, ses bijoutiers, la reproduction d'une fumerie d'opium, des pagodes, du théâtre rappelant les stupas de Phnom-Penh où les danseuses royales font fureur. Et, que dire de l'incroyable collection de bijoux et d'objets d'art prêtés par

le roi Sisowath du Cambodge. À l'opposé, l'Afrique-occidentale française (Sénégal, Mauritanie, Niger, Guinée, Côte d'Ivoire, Dahomey et Soudan) est concentrée dans un seul pavillon de 1 800 m², reproduisant le style des constructions en pisé de Tombouctou. Le Congo seul est à part et on trouve une

des Beaux Arts. Over 1,252 items were brought together: paintings, sculptures, drawings, ceramics, furniture, engravings, jewels and other things all spoke of Provence. Marseille's businesses were assembled in the big hall: oils, soaps, food, clothing, furnishings, tools, chemical products and shipping companies — all displayed the dynamism of local entrepreneurs. And yet, the ten pavilions of faraway Indochina made the biggest impression. There on parade were the treasures of Tonkin, Annam, Laos, Cambodia and Cochinchina. An exotic garden and a flotilla of junks added the finishing touch. The public was won over, and how could they not be, before a replica of the tower of Bayon from Angkor, or a Hanoi street with its embroiderers, jewellers, the reproduction of an opium den, pagodas, and theatre recreating the stupas of Phnom-Penh where royal dancers were all the rage. And what could be said about the incredible collection of jewels and objets d'art lent by King Sisowath of Cambodia.

At the other end, French West Africa (Senegal, Mauritania, Niger, Guinea, Côte d'Ivoire, Dahomey and Sudan) was concentrated into a single 1,800m2 pavilion, reproducing the style of Timbuktoo's beaten earth buildings. Only the Congo stood apart offering a reproduction of a fortified

cent of the splendid Grand Palais in Paris. Built with concrete foundations and a metal framework, it was one of the few buildings made to last. It contained a community hall, a large exhibition area and adjoining galleries. Inside was an impressive exhibition of Provençal Art organised by the curator of the Musée

8e Exposition Coloniale. Marseille 1906. Palais de la Côte occidle d'Afrique.

Guiauchain, Architecte

80   EXPOSITION COLONIALE DE MARSEILLE. — PALAIS DE L'ALGERIE. — LA COUR. — LL.

Palais de la Côte occidentale d'Afrique, carte postale. (CCI Marseille Provence).

Palais de l'Algérie, carte postale. (CCI Marseille Provence).

reproduction du village fortifié de Djénné. Un cinématographe est installé dans un pavillon en forme de mosquée soudanaise. Viennent ensuite les pavillons de Madagascar, des Comores. Pour Madagascar, le palais de style indo-arabe ravit et le kiosque de la vanille embaume. Le Palais de l'Algérie est de style mauresque avec coupole et minaret haut de 30 mètres. Une salle y est consacrée à l'histoire de la conquête. Puis, c'est le tour de la Tunisie avec son palais mauresque, ses souks, son restaurant arabe, son pavillon archéologique, son café maure, ses dromadaires et sa petite mosquée d'où un muezzin appelle à la prière. Les autres colonies, souvent plus anciennes, sont aussi représentées avec la Guyane, la Nouvelle Calédonie, Tahiti, les Indes françaises, la Réunion, la Guadeloupe et la Martinique.

Mais ce n'est pas tout : il faut bien entendu ajouter à cela le pavillon du ministère des Colonies, le pavillon océanographique, celui de l'automobile, ceux des journaux locaux, et le pavillon provençal dont le plan en étoile à 7 branches reprend l'emblème des Félibres et reproduit à l'intérieur une ferme du terroir… et que dire de la grande serre de 400 m² et des deux petites présentant orchidées, palmiers, plantes d'Indochine et productions de la Maison Vilmorin…

L'Exposition, est jusqu'à sa fermeture le

village in Djénné. A cinematograph was installed in a pavilion in the form of a Sudanese mosque.

Next there were the pavilions of Madagascar and the Comoros. Madagascar delighted visitors with its Indo-Arabic-style palace and its vanilla stall intoxicated them with its heady fragrance. The Algerian palace was in a Moorish style with a dome and a 30-metre-high minaret. A room was devoted to the history of the conquest. Next it was Tunisia's turn with its Moorish palace, souks, Arab restaurant, archaeological pavilion, Moorish café, dromedaries and its small mosque where a muezzin performed the call to prayer. The other colonies, often older, were also represented with Guyana, New Caledonia, Tahiti, the French Indies, Reunion Island, Guadeloupe and Martinique.

And this was not all: there was also the pavilion of the Ministry of Colonies, the oceanographical pavilion, the automobile pavilion, the local newspaper pavilions, and the Provençal pavilion with its ground plan making the seven-pointed star emblem of the Félibrige association, and inside a mock-up of a local farm, among other things. And what about the large 400m2 greenhouse and the two smaller ones presenting orchids, palm trees, plants from Indochina and products from the Maison Vilmorin plant and seed

18 novembre, une succession de fêtes, de spectacles, de cérémonies exotiques, de défilés coloniaux, d'illuminations, de bals costumés… on s'amuse au water toboggan, dans le labyrinthe, dans les toupies volantes ou le ballon captif ou en flânant dans une Venise miniature… Mais l'Exposition organise aussi plus de dix-sept congrès (scientifiques, économiques…) et édite de nombreux ouvrages.

Elle aura en tout rassemblé 1 800 000 visiteurs, distribué des milliers de prix et rapporté finalement plus que la dépense. Pour Marseille le bénéfice est complet. La municipalité ne s'y trompe pas. Elle

company? Right up to its closure on November 18th, the exhibition was a succession of festivities, shows, exotic ceremonies, colonial parades, illuminations, costume balls, and so on. People enjoyed activities such as the water slide, the maze, the flying tops or the captive balloon or strolling in a miniature Venice. But the exhibition also organised over 17 conferences (on science, economics etc) and published a number of books. In all it drew 1,800,000 visitors, distributed thousands of prizes and in the end recouped more than the investment. For Marseille it was all profit.

53 - Marseille - Exposition Coloniale   Palais de l'Automobile

*David Dellepiane, projet
d'affiche pour l'exposition
coloniale prévue en 1916.
(CCI Marseille-Provence).*

vote la conservation du parc et souhaite programmer une seconde exposition en 1916... La date a posteriori mal choisie n'enlèvera en rien la volonté de reconduire une telle manifestation, tant le succès de 1906 fut retentissant. La seconde exposition coloniale aura finalement lieu en 1922 et au même endroit.

Après la première exposition coloniale, la fête continue. D'avril à octobre 1908, un groupe d'industriels et de techniciens organise au nouveau parc des expositions du rond-point, désormais dénommé Chanot, l'Exposition internationale d'électricité. Si les attractions sont multiples, les perspectives qu'offrait l'électricité sont mises en avant. On reste songeur devant la Maison moderne consacrée aux usages domestiques du courant et annonçant les futurs salons ménagers. On trouve aussi des machines agricoles, et une station de téléphonie sans fil avec sa tour de 35 mètres. « La nuit, l'émerveillement des visiteurs était à son comble. Les bâtiments brillants jusqu'à leur faîte, le déploiement de milliers de lampes à arc, d'ampoules de tout système, les fontaines et les cascades lumineuses fascinaient les foules » (Patrick Boulanger). En 1913, c'est le tour du tout premier Salon de l'automobile : la modernité est en marche.

The municipality made no mistake about it. It voted to keep the park and wanted to plan a second Exhibition in 1916. The date later turned out to be a bad choice, but that didn't dampen the desire to repeat the resounding success of 1906. The second Colonial exhibition was finally held in 1922 and in the same place.

After the first Colonial exhibition, the festivities continued. From April to October 1908, a group of industrialists and technicians organised the International Electricity Exhibition at the new exhibition park at the roundabout, newly named the Chanot. Along with many attractions, the prospects offered by electricity were promoted. The public could wonder at the modern house demonstrating domestic applications of the electric current and anticipating future household goods shows. There were also agricultural machines, and a wireless telephony stand with a 35-metre-high tower. "At night, the amazement of the visitors reached its peak. The buildings shone to their rooftops, the deployment of thousands of arc lamps, and bulbs of every type, the illuminated fountains and waterfalls fascinated the crowds" (Patrick Boulanger). In 1913, it was the turn of the very first Automobile Salon: modernity was on the march.

Mario Pezzilla, affiche du P.L.M. pour l'Exposition internationale des applications de l'électricité en 1908. (CCI Marseille-Provence).

MARSEILLE
1908
EXPOSITION
INTERNATIONALE
DES
APPLICATIONS
DE
L'ELECTRICITE
Mario Pezilla

Exposition Coloniale Marseille 1922 - Le Palais de l'Indo-Chine - Vue de face

*Pavillon
de l'Indochine,
carte postale.
(CCI Marseille-
Provence).*

L'Exposition coloniale de 1922

Après la guerre, le contexte colonial a considérablement évolué. La France a établi un protectorat au Maroc et unifié l'administration de l'Indochine. Elle a en plus reçu un mandat de la Société des Nations sur les anciennes colonies allemandes : Togo, Cameroun, Syrie et Liban. L'opinion aussi a changé. L'anticolonialisme pointe. Hors, Marseille, dont le sort économique est toujours plus lié à l'Empire se doit de réagir. L'Exposition coloniale de 1922 sera un triomphe comparable, voire supérieur à celui de 1906 et devra réunir tous les

The 1922 Colonial Exhibition

After the War, the colonial situation had changed considerably. France had established a protectorate in Morocco and unified the administration of Indochina. In addition she had received a mandate from the League of Nations over the former German colonies: Togo, Cameroon, Syria and Lebanon. Opinion had also moved on, with anti-colonialism beginning to surface. So with its close economic ties to the Empire, Marseille needed to react. The 1922 colonial exhibition would be a comparable, if not greater triumph to that of 1906

*David Dellepiane,
affiche
de l'Exposition
coloniale
de 1922.
(CCI Marseille-
Provence).*

Double page
suivante
*Le pavillon de l'art
provençal devenu
depuis le Palais
des arts.*

Le palais du Maroc, carte postale. (CCI Marseille-Provence).

Exposition Coloniale de Marseille 1922
Palais du Maroc

enfants de la Nation. Le grand Jules Charles-Roux disparu en 1918, le nouveau commissaire général est Adrien Artaud, député et président honoraire de la Chambre de commerce. Cette fois le gouvernement s'implique avec le ministère des Colonies, mais aussi ceux de la Guerre, de l'Hygiène et de la Prévoyance Sanitaire et celui des Affaires étrangères et de la Propagande. Le budget est doublé par rapport à 1906. Il faut remettre en état le parc, le Grand Palais et la Galerie des machines. Il faut aussi l'agrandir pour accueillir le pavillon du Maroc et des autres nouvelles colonies. On pense également à construire des bâtiments en dur, comme le Palais de l'art provençal. Le chantier est conduit par le

and would reunite all the Nation's children. The great Jules Charles-Roux died in 1918, and the new head of the commission was Adrien Artaud, member of parliament and honorary chairman of the Chamber of Commerce. This time the government got involved along with the Ministry of Colonies, but also the Ministries of War, Hygiene and Health Provision and Foreign Affairs and Propaganda. The Budget was double that of 1906. The park had to be restored, along with the grand palace and the machines gallery. It also had to be enlarged to house the Moroccan pavilion and those of the other new colonies. It was also planned to make some of the buildings permanent, such as the Palais de l'Art

président de la Fédération nationale des Bâtiments et Travaux Publics Despagnat et Léonce Muller, toujours architecte en chef de la ville. L'exposition ouvre le 17 avril et ferme le 17 novembre. Le 7 mai elle recevra la visite officielle du président de la République. On y reprend les grands principes de 1906 avec les reconstitutions pittoresques et les expositions didactiques. Parmi les différences notoires, la section indochinoise est désormais unifiée en un seul palais placé à l'arrière d'une impressionnante reconstitution d'un temple d'Angkor. Trésors de l'art et de l'artisanat ainsi que matières premières (riz, soie, cyon caoutchouc…) sont magnifiés. La section comporte bien entendu sa rue typique et son restaurant dans un pavillon laqué de rouge et d'or. Le Palais de l'A.O.F. est flanqué d'une grande tour ascenseur de 57

Provençal. The project was led by the chairman of the National Federation of Buildings and Public Works, Despagnat, and Léonce Müller, still the city's head architect. The exhibition opened on April 17th and closed on November 17th. On May 7th it received an official visit from the President of France.

The broad principles of 1906 were conserved, with picturesque reconstructions and teaching exhibitions. Among the salient differences, the Indochinese section was now unified into a single palace placed behind an impressive reconstruction of an Angkor temple. Art and craft treasures as well as raw materials (rice, silk, cyon rubber etc.) were increased. Naturally the section had its typical street and its restaurant in a red-and-gold lacquered pavilion. The Palace of French West Africa was flanked by a

Les grilles du parc Chanot en construction, d'après un dessin de l'architecte Larrige et réalisées par le ferronnier Trichard.

mètres. À côté, le pavillon de l'Afrique équatoriale et du Cameroun est beaucoup plus modeste. Pour la Tunisie on reprend l'idée d'un village. Mais la grande nouveauté est le Palais du Maroc et le Palais de Madagascar est inspiré par celui de la reine à Tananarive. Dans le pavillon du ministère des Colonies on peut admirer des toiles orientalistes prêtées par le Louvre et le Luxembourg et une section réservée aux orientalistes provençaux. Pour le Palais de l'art provençal, qui doit perdurer on vient contempler faïences, peintures, ferronneries, archives… Comme en 1906 on s'amuse beaucoup : théâtre, défilés, bals que l'on nomme désormais dancing, cinéma… et on se cultive avec pas moins de soixante-dix congrès scientifiques.

L'Exposition dépassa toutes les attentes avec plus de trois millions de visiteurs. Mais certaines critiques commencèrent à s'élever contre les nombreux stéréotypes, et le côté convenu de certaines présentations… Les temps ont bien changé depuis 1906. On conserve des vestiges de l'Exposition, telles les magnifiques grilles en fer forgé (Lajarrige architecte et Trichard ferronnier), formant l'une des entrées principales de l'actuel Parc des Expositions et des Congrès Chanot. À l'intérieur, le Palais des Arts est toujours là

large 57-metre-high lift tower. Beside it, the Equatorial Africa and Cameroon pavilion was much more modest. For Tunisia the idea of a village was used again. But the big novelty was the Palace of Morocco, and the Palace of Madagascar was inspired by Queen's palace in Antananarivo. The pavilion of the Ministry of Colonies exhibited orientalist paintings lent by the Louvre and the Luxembourg, with a section devoted to Provençal orientalists. The Palace of Provençal Art, which was built to last, displayed ceramics, paintings, ironwork, and archives, among other things. As in 1906, much fun was had, including: theatre, parades, cinema, and balls which were now called "dancing"; and minds were improved with no less than 70 scientific congresses.

The exhibition outstripped all expectations, with over three million visitors. But some critics began to protest against the numerous stereotypes and the conventional side of some presentations. Times had indeed changed since 1906. Some vestiges of the Exhibition were kept, such as the magnificent wrought-iron grilles designed by the architect Lajarrige and executed by Trichard, which today form one of the main entrances of the Chanot Exhibition and Conference Park. Inside, the Palais des Arts is still there with its baroque-

Les grilles du parc Chanot.

Les atlantes du palais des arts dus au ciseau de Botinelly.

avec sa décoration baroquisante et ses jolies mosaïques dessinées par Valère Bernard. L'exposition coloniale fut aussi l'occasion pour le président de la République Millerand, de venir poser la première pierre du Monument aux morts des armées d'Orient sur la Corniche. Situé au dessus du vallon des Auffes il a été dessiné par Gaston Castel, architecte du département et sculpté par son complice Antoine Sartorio. Il sera inauguré cinq ans plus tard. Cet arc triomphal se voulait un pendant moderne à celui de la Porte d'Aix. Il est le symbole de la Porte de l'Orient, de Marseille la cosmopolite, largement ouverte vers la mer.

style decoration and its pretty mosaics designed by Valère Bernard. The colonial exhibition also provided the opportunity for France's President Millerand to come and lay the foundation stone of the Eastern Army War Memorial on the Corniche. Situated above the Vallon des Auffes, it was designed by Gaston Castel, the architect of the department, and sculpted by his associate A. Sartorio. It would be inaugurated five years later. This triumphal arch was intended to be a modern counterpart for the Porte d'Aix. It is the symbol of Marseille, gateway to the Orient, cosmopolitan, and wide open to the sea.

Le pavillon du commissariat général et de l'administration. (CCI Marseille-Provence).

Double page suivante
Dominant le vallon des Auffes sur la Corniche, le monument aux morts des armées d'Orient, érigé en arc de triomphe par Gaston Castel à partir de 1922, reste le symbole de Marseille Porte de l'Orient.

Naissance de la Foire internationale de Marseille.

Avec les expositions coloniales, le Parc Chanot a définitivement trouvé sa vocation. Salons et expositions vont désormais s'y succéder. Conçue en 1924, La première foire s'y tient l'année suivante sous le nom de Semaine industrielle et commerciale. On la doit a une coopérative très dynamique de cinq voyageurs et représentants de commerce : Ernest Amavet, Jean Bottai, Marius Ghiglione, Étienne Reynaud et Georges Veron. Ils obtiennent rapidement une convention avec la ville pour transformer l'opération en Foire internationale de Marseille. De nouvelles constructions voient le jour, comme le Petit Palais, édifié en 1927. Et,

Birth of the Marseille International Fair.

With the Colonial Exhibitions, the Parc Chanot had discovered its purpose in life. Salons and exhibitions followed one another. Conceived in 1924, the first fair was held there the following year under the name of the Industrial and Commercial Week. It was the brainchild of a very dynamic co-operative of five commercial travellers and representatives: Ernest Amavet, Jean Bottai, Marius Ghiglione, Etienne Reynaud and Georges Veron. They quickly reached an agreement with the city to transform the operation into the Marseille International Fair. New buildings rose up, like the Petit Palais, built in

Henry le Monier, affiche du premier Salon international de l'aviation et de la navigation de Marseille en 1927. (CCI Marseille-Provence)

en 1929, l'opération est reconnue par l'Union des foires internationales. En 1932, une nouvelle convention d'exploitation est passée entre la municipalité et la Société Anonyme de la Foire Internationale de Marseille (SAFIM), avec pour contrainte, la construction d'un palais des congrès. À la veille de la Seconde Guerre mondiale, « la Foire est devenue le véritable chef d'orchestre du tissu économique de la région » (Alain Grobon Ghiglione). Deux nouvelles conventions seront passées entre la ville et la SAFIM, en 1949 et 1985 : la ville accorde à la SAFIM le droit exclusif d'organiser, sur le parc ou sur d'autres terrains municipaux, des foires multi-branches, salons professionnels ou grand public ; en contrepartie, la SAFIM assume seule les charges d'exploitation et finance les développements nécessaires du « Palais des Congrès et des Expositions » du Parc Chanot.

Bien d'autres salons professionnels se tiennent au Parc Chanot, comme le tout premier Salon international de l'aviation et de la navigation en 1927. On peut aussi évoquer la seconde Exposition d'électricité en 1926 ou encore le Salon international du cycle et de l'automobile en 1928. Car l'automobile est en vogue et Marseille a su très tôt s'y intéresser. Dès 1899, Léon Turcat et son cousin Simon Méry créent la Société des ateliers

1927. And, in 1929, the operation was recognised by the Union of International Fairs. In 1932, a new use agreement was signed between the Municipality and the Société Anonyme de la Foire Internationale de Marseille (SAFIM), with the proviso that they should build a conference hall. In the days leading up to the Second World War, "the Fair became the major factor directing the Region's economic structure" (Alain Grobon Ghiglione). Two new conventions would be agreed between the city and the SAFIM, in 1949 and 1985: the city allowed SAFIM the exclusive right to organise, in the park or on other municipal land, multi-sector fairs, trade or general public salons; and in return, SAFIM would cover all running costs and finance the necessary developments of the "Palais des Congrès et des Expositions" in the Parc Chanot.

Many other trade salons were held at the Parc Chanot, such as the very first International Aviation and Navigation Salon in 1927. Also worthy of mention is the second Electricity Exhibition in 1926, or the International Cycle and Automobile Salon in 1928. Cars were all the rage and Marseille was quick to take interest in them. In 1899, Léon Turcat and his cousin Simon Méry created the Turcat-Méry et Cie. automobile construction

*Affiche pour
les automobiles
Turcat-Méry.*

de construction d'automobiles Turcat-Méry et Cie. Leurs voitures sont à la pointe. De leur usine du boulevard Michelet sortent de nombreux véhicules qui gagnent rapidement beaucoup de courses dont le premier rallye de Monte-Carlo en 1911. Dans les années 1920 la société de voitures de luxe est dépassée par la 5CV de Citroën et ferme ses portes en 1929. D'ailleurs, en 1925,

workshop company. Their cars were state–of-the-art. Their factory on Boulevard Michelet produced many vehicles which were soon to win many races including the first Monte-Carlo Rally in 1911. During the 1920s the luxury car company was overtaken by Citroën's 5CV, and closed its doors in 1929. In 1925, the architect André Ramasso built a garage on the Prado for Raoul Mattei,

l'architecte André Ramasso, construit sur le Prado pour Raoul Mattei, premier concessionnaire Citroën, un garage. Ce « palais de l'automobile » tout de métal et de verre est imposant, avec ses 75 mètres de façade, 210 mètres de profondeur et 27 mètres de hauteur. Il peut accueillir jusqu'à 1 500 véhicules, des ateliers et un magasin d'exposition pour soixante voitures. La façade de pierre, dont l'arc triomphal s'ouvre sur près de 10 mètres de hauteur, s'inspire de celles des gares du XIXᵉ siècle. Cet ensemble pourtant exceptionnel sera détruit à la fin des années 1980 pour permettre des constructions immobilières et la création de la rue Turcat-Méry.

Citroën's first dealer. This imposing metal and glass "palace of the automobile" with its 75-metre façade, 210 metres deep and 27 metres high, housed up to 1,500 vehicles, workshops and a showroom for 60 cars. The stone façade, with its triumphal arch reaching nearly 10 metres high, was inspired by the arches of 19th-century railway stations. But this exceptional construction would be demolished in the late 1980s to make room for other buildings and the creation of the Rue Turcat-Méry.

R. Ponson, vue de l'île Degaby depuis Malmousque.

Double page suivante
La Fontaine Cantini, place Castellane.

De la Belle Époque aux Années folles

Le quartier a continué à s'embellir. À Castellane, le marbrier Jules Cantini (1826-1916), dont les ateliers sont tout proches, décide d'offrir à sa ville une fontaine grandiose en 1911. Il fournit les marbres de Carrare et choisit le sculpteur parmi les meilleurs de sa génération, le Toulonnais André Allar (1845-1926), grand prix de Rome en 1869. Pour cette réalisation, on démonte l'obélisque qui veillait depuis le Premier Empire sur la place. Il est remonté à l'extrémité du boulevard Michelet au rond-point de Mazargues. Allar montre ici tout son talent, et s'inscrit dans la continuité éclectique du XIXe siècle en faisant référence à l'histoire de la sculpture du Bernin à Carpeaux. Au sommet d'une colonne monumentale, la ville de Marseille regarde vers la Porte d'Aix. Au pied de la colonne c'est le Rhône qui est évoqué : la source douce et élégante vers le boulevard Baille, l'impétueux torrent à l'opposé, le fleuve majestueux vers la rue de Rome et l'impériale Méditerranée vers le Prado. Pendant ce temps, à Borély, sur l'hippodrome, s'organisent les premiers meetings aériens. Chaque année, de 1910 à 1914, des dizaines de milliers de spectateurs assistent aux exploits des pionniers du ciel qui vont bientôt devoir

From the Belle Epoque to the Roaring Twenties

The district continued to improve. At Castellane, the marble worker Jules Cantini (1826-1916), whose workshops were close by, decided to present his city with a grandiose fountain in 1911. He supplied the Carrara marbles and selected one of the best sculptors of his generation, André Allar from Toulon (1845-1926), Grand Prix de Rome prizewinner in 1869. For this purpose the obelisk which had guarded the roundabout since the First Empire was dismantled and re-erected at the end of Boulevard Michelet at the Mazargues roundabout. Here Allar shows off all his talent, and carried on in the 19th-century eclectic vein with historical sculptural references to the work of Bernini in Carpeaux. From the top of a monumental column, the city of Marseille gazes towards the Porte d'Aix. At the foot of the column the Rhône is portrayed: its gentle and elegant source towards Boulevard Baille, the impetuous torrent opposite, the majestic river facing the Rue de Rome and the imperial Mediterranean towards the Prado. Meanwhile, the hippodrome at Borély saw the first flying meets. Every year from 1910 to 1914, tens of thousands of spectators admired the feats of those

affronter les armées allemandes. Car la Grande Guerre vient brutalement interrompre ce que l'on appellera plus tard : la Belle Époque.

Mais l'après-guerre sera vite tout aussi festif. Beaucoup veulent tourner la page et recommencer à s'amuser. La Corniche est le cadre idéal. Pensons à l'industriel André Laval qui offre en 1914, l'île de Daume, au large de Malmousque (presqu'île d'Endoume), à sa maîtresse et bientôt épouse : l'extravagante Diane Degaby. L'île, fortifiée au XVIIe siècle par le maréchal de Tourville pour protéger la rade, sera somptueusement aménagée par le couple et

pioneers of the sky who would soon have to face the German armies. For the Great War brought what later came to be known as the Belle Époque to a brutal end.

But the post-war period would quickly recover its spirits. Many people wanted to turn the page and have fun once more, and the Corniche was the ideal setting. There was the industrialist André Laval, who in 1914 bought the Ile de Daume, off Malmousque (the Endoume peninsula), for his mistress (soon to be his wife), the extravagant Diane Degaby. The island, fortified in the 17th century by the Maréchal de

Semaine de l'aviation à l'hippodrome Borély durant l'été 1910, Carte postale.

Double page suivante *L'île Degaby.*

deviendra l'île Degaby. Dans les années 1920, de somptueuses fêtes y seront données. Et que dire de l'étourdissante vedette de music-hall Gaby Deslys. Après ses succès à Paris, Londres, New York et sa tapageuse liaison avec le roi du Portugal Manuel II, elle rentre dans sa ville natale en 1918 et acquiert la magnifique villa Maud, devenue aussitôt la villa Gaby. Celle qui avait introduit les spectacles avec un orchestre jazz en France et inauguré, en meneuse de revue au Casino de Paris, la célèbre descente d'escalier mourut en 1920 en léguant toute sa fortune et sa villa à sa ville. Parmi les réalisations de l'entre-deux-guerres, le théâtre Silvain, au coeur du vallon de la Fausse-Monnaie est remarquable. C'est encore aujourd'hui le seul théâtre de verdure de Marseille. Il est ouvert à l'été 1923 par le comédien Eugène Silvain et son épouse. C'est le négociant Dominique Piazza, ami du couple et inventeur de la carte postale illustrée, qui finance le projet. L'architecte Jean Boët crée, dans ce site à l'acoustique incomparable, un véritable théâtre à l'antique qui fonctionnera à plein tous les étés durant plusieurs années, avec de multiples représentations de pièces et d'opéras. Après les représentations on peut se rendre au tout proche restaurant du Petit Nice, fondé en 1917 par Germain Passédat et son épouse, une chanteuse lyrique ravissante,

La villa Gaby, léguée à la Ville par la grande vedette de music-hall Gaby Deslys.

dans l'ancienne villa Corinthe. Son fils Jean-Paul lui succèdera et étendra les activités en créant l'hôtel. Aujourd'hui, le fils de ce dernier, Gérald, a pris la relève de l'établissement qui est le seul classé Relais et Châteaux de la ville et son restaurant le plus étoilé.

Divertissement très populaire, le cinéma continue à prospérer sur le Prado. En 1924, Marcel Pagnol y installe ses studios dans les anciens ateliers du marbrier Cantini. En 1937, il déménage en face, vers l'avenue Jean Mermoz. Parallèlement il ouvre deux cinémas sur la place Castellane : le Châtelet en 1937 et le César l'année suivante. Ce dernier, toujours ouvert est avec l'UGC Prado, plus loin sur l'avenue et le Chambord au rond-point, parmi les deniers cinémas du centre-ville.

L'époque est aussi favorable à la construction immobilière. Aux Catalans, par exemple, en front de plage, un magnifique immeuble de 300 logements est élevé en 1931, donnant des allures de Côte d'Azur au quartier. De beaux immeubles son également élevés sur le Prado et Gaston Castel projette dans *Les Cahiers du Sud* un projet d'urbanisme et de lotissement grandiose pour le rond-point et le boulevard Michelet. Pour lui, c'est à partir de cet axe que la ville doit se développer et s'étendre.

Passédat and his wife, a beautiful opera singer, in the former Villa Corinthe. His son Jean-Paul succeeded him and expanded the business into a hotel. Today Jean-Paul's son, Gérald, has taken over the establishment, which is the city's only "Relais et Châteaux"-listed hotel and its most-starred restaurant. The cinema was a very popular form of entertainment and continued to prosper on the Prado. In 1924, Marcel Pagnol set up his studios in Cantini's former marble workshops. In 1937, he moved across the road towards Avenue Jean Mermoz. At the same time he opened two cinemas on Place Castellane: the Châtelet in 1937 and the César the following year. Along with the UGC Prado, further down the avenue, and the Chambord at the roundabout, this is one of the last cinemas in the city centre. The times were also favourable for the construction of dwellings. At Les Catalans, for example, a magnificent beachfront block of 300 flats was erected in 1931, giving the district the air of the Côte d'Azur. Fine buildings were also built on the Prado and in Les Cahiers du Sud, Gaston Castel proposed a grandiose project of urban development and subdivision for the roundabout and the Boulevard Michelet in the belief that the city should develop and spread around this axis.

Le théâtre Silvain.

Double page
suivante
*L'hôtel- restaurant
du Petit Nice
Passédat.*

Les deux églises du Prado

Deux grands chantiers religieux vont animer les deux Prado au cours des années 1920 : l'église du Sacré Coeur et la cathédrale arménienne. Pour la première, l'évêque, Mgr Fabre, souhaite démolir, sur le premier Prado, la modeste église Saint-Adrien et Saint-Hermès, pour la remplacer par un édifice grandiose dédié au Sacré Coeur - selon le voeu fait par Mgr de Belsunce et les échevins durant la dernière grande peste d'Occident en 1720 - et devant servir de mémorial aux victimes de la Grande Guerre. La première pierre est posée en 1920. L'architecte, Théophile Dupoux, mort en 1924 est remplacé par son fils Édouard. À la mort de ce dernier en 1937, c'est Gaston Palanque qui est chargé d'achever l'édifice. Il signera le dessin définitif de la façade. D'influence romano-byzantine, l'église restée inachevée dans son décor sculpté possède du même coup un aspect très « moderniste ». À l'intérieur le cycle de vitraux dessinés par le peintre Henri Pinta et réalisés à Paris chez le verrier Champigneulle est impressionnant. L'église sera finalement consacrée en 1946.

En 1922, des milliers d'Arméniens, ayant survécu au génocide, doivent quitter l'Asie Mineure. Beaucoup,

The Prado's two churches

*L'église
du Sacré-Cœur.*

Two large religious projects would bring more life to both Prados during the 1920s: the Sacré Coeur church and the Armenian cathedral. For the first of these, the Bishop, Mgr Fabre, wanted to demolish the small church of Saint-Adrien and Saint-Hermès on the first Prado, to replace it with a grandiose building dedicated to the Sacred Heart - to fulfil the vow made by Monseigneur de Belsunce and the municipal magistrates during the West's last great plague in 1720 - which would serve as a memorial to the victims of the Great War. The foundation stone was laid in 1920. The architect, Théophile Dupoux, died in 1924 and was replaced by his son Édouard. When Édouard died in 1937, Gaston Palanque was given the task of finishing the edifice. He created the final design of the façade. With its Romano-Byzantine influence, the church's sculptural decorations remained unfinished giving it a very "modernist" aspect.

Inside the cycle of stained glass windows designed by the painter Henri Pinta and made in Paris by the glass maker Champigneulle is very impressive. The church was finally consecrated in 1946. In 1922, thousands of Armenian survivors of the genocide had to

arrivant en France par Marseille décident de s'y fixer. Pas moins de six ans après leur installation, dans des conditions humanitaires tragiques, les Arméniens vont réussir un tour de force et faire ériger une cathédrale sur le Prado, l'une des avenues les plus huppées de la ville. En 1927, Monseigneur Mgr Grigoris Balakian (1879-1934), représentant du Catholicos pour l'Europe occidentale et évêque des Arméniens de Marseille, va entreprendre l'organisation du diocèse arménien du midi de la France.

Pour cela, l'établissement d'une cathédrale est indispensable. Le chevalier Vahan Khorassandjian, riche négociant venu de Bruxelles financera le projet d'une cathédrale à Marseille, sous le vocable des Saints Traducteurs. La première pierre est bénite le 22 février 1928. Le chantier, mené tambour battant permet à Mgr Balakian de consacrer l'édifice le 25 octobre 1931 en présence des autorités de la ville et de l'État.

L'architecte Aram Tahtadjian, lauréat de l'Exposition universelle de 1900 a conçu l'édifice. Le parti pris architectural est clair et s'inspire en version réduite de la cathédrale d'Etchmiadzine, Saint-Siège de l'Église apostolique arménienne.

leave Asia Minor. Many who arrived in France through Marseille decided to stay put. Not less than six years after their arrival in tragic humanitarian conditions, the Armenians would achieve the astonishing feat of erecting a cathedral on the Prado, one of the city's most upmarket avenues. In 1927, Monseigneur Grigoris Balakian (1879 – 1934), legate of the Catholicos for Western Europe and bishop of the Armenians in Marseille, was to undertake the organisation of the Armenian diocese of the South of France.

That required the establishment of a cathedral. The knight Vahan Khorassandjian, a rich merchant from Brussels, financed the project of a cathedral in Marseille, named in honour of the Holy Translators Saints Sahak and Mesrop. The foundation stone was blessed on February 22nd 1928. The work was carried out at a brisk pace and completed in time for Mgr. Balakian to consecrate the building on October 25th 1931 in the presence of city and state authorities. The architect Aram Tahtadjian, an award winner of the 1900 Universal Exhibition, designed the edifice. The choice of architectural style was simple, and based on a smaller version of the Etchmiadzin cathedral, the Holy See of the Armenian Apostolic Church.

La cathédrale Arménienne sur le second Prado.

Double page suivante
Le parc Borély, l'hippodrome, son golf et les nouvelles plages Gaston Deferre.

La passion du sport

En 1861 une régate est organisée le long des plages du Prado. À sa suite deux sociétés régatières sont créées : le Cercle Nautique et La Société des régates marseillaises. Désormais, équitation et escrime ne suffisent plus aux fils de bonnes familles. Toutes les nouveautés sont rapidement assimilées. Si l'hippisme reste une activité très *hype*, dès la fin des années 1880, les propriétés à la mode se doivent de posséder des *lawn-tennis*, à l'imitation de la famille Scaramanga dans son domaine de Bonneveine. En 1890, on lance Le Tennis Club Château des Fleurs. Moins mondain, le cyclisme reste le sport le plus populaire à l'aube du XXe siècle avec de nombreux clubs et plus d'un millier de licenciés. Parallèlement, le Sporting Club de Marseille, initie la ville au football et au rugby et organise le premier meeting d'athlétisme au Parc Borély en 1895.

Côté natation, Marseille n'est pas en reste. Les premières courses eurent lieu aux Catalans en 1892. En 1921, quelques dissidents du Club Omnisports du Chevalier Roze, créent le club mixte du Cercle des Nageurs de Marseille. Marius Blanc, propriétaire des bains des Catalans et membre fondateur du club met des espaces à

A passion for sport

In 1861 a regatta was organised along the beaches of the Prado. In its wake two regatta societies were created: the Cercle Nautique and the Société des Régates Marseillaises. From that moment on, riding and fencing were no longer enough for the sons of affluent families. Everything new was quickly assimilated. While horse riding remained very much in vogue, towards the end of the 1880s fashionable properties began to feel the need to own a lawn tennis court, in imitation of the Scaramanga family in its Bonneveine estate. In 1890, the Château des Fleurs Tennis Club was opened. Less gentrified, cycling remained the most popular sport at the dawn of the 20th century with numerous clubs and over a thousand participants. At the same time, the Sporting Club de Marseille introduced the city to football and rugby and organised the first athletic meeting in Parc Borély in 1895.

As for swimming, Marseille kept abreast. The first races took place in Les Catalans in 1892. In 1921, some dissidents of the Club Omnisports du Chevalier Roze, created the mixed club Cercle des Nageurs de Marseille. Marius Blanc, owner of the Les Catalans baths and founding member of the club, pro-

Affiche du concours hippique de Marseille en 1903.

*Dominant
la Corniche,
un court de tennis
dans une villa.*

*Le bassin extérieur
du Cercle
des Nageurs
en 1932.*

disposition. Très vite l'équipe de water-polo fait sensation. En 1932 on construit une première piscine. En 1956 un bassin couvert de 25 mètres voit le jour, puis de 1960 à 1969 on aménage une piscine olympique et des gradins pour recevoir 1 500 spectateurs. Le Cercle est le meilleur club français dès 1960. Aujourd'hui le Club peut s'enorgueillir de plus de trente titres de « Champion de France » et de sept coupes de France en water-polo. Aux grands nageurs d'hier : Alex Jany, Joseph Bernardo... ont succédé les Frédérick Bousquet, Fabien Gilot, William Meynard ou Camille Lacourt.

vided swimming areas. Very soon the water-polo team created a sensation. In 1932, the first swimming pool was built. In 1956, a 25-metre indoor pool was opened; then from 1960 to 1969 an Olympic swimming pool was created with raised seating for 1,500 spectators. From 1960 on, the Cercle was the best French club. Today the Club can boast over thirty French Champion titles and seven French Cups in water-polo. Yesterday's great swimmers - Alex Jany, Joseph Bernardo, etc. - have handed on the flame to the likes of Frédérick Bousquet, Fabien Gilot, William Meynard and Camille Lacourt.

L'année 1899 est marquée par la naissance d'un club promis à un bel avenir : l'Olympique de Marseille, refonte du Football Club de Marseille. Les disciplines pratiquées sont la natation, l'aviron, l'escrime, le tennis, le cyclisme, le cricket, l'athlétisme, la boxe, la lutte, le basket-ball, l'automobile, le football et le rugby. La tenue officielle est le maillot blanc frappé en bleu des lettres O.M. et culotte noire. Le club, devenu bien plus tard professionnel et abandonnant progressivement beaucoup de ses activités au profit du seul football entre dans la légende et en plus de 110 ans possède un palmarès inégalé. Depuis, le football est devenu une religion pour les Marseillais et le stade Vélodrome en est le temple. Hors, pendant longtemps Marseille manqua d'un grand stade. Lyon avait pourtant le sien dès 1913. En 1929 la ville prend la décision de construire des terrains d'entraînement, un grand stade vélodrome et un palais des sports. Le choix de l'emplacement se porte tout naturellement sur les terrains annexes du Parc Chanot, en bordure du boulevard Michelet. L'architecte en chef de la ville, Senès, assisté de Peyrridier, signe les premiers plans. Les premiers d'entraînements sont livrés en 1932. Cependant le grand stade reste en suspens. Le projet est modifié selon les plans d'Henry Ploquin, architecte

1899 was marked by the birth of a club destined for a fine future: the Olympique de Marseille, a reorganisation of the Football Club de Marseille. The disciplines practised were swimming, rowing, fencing, tennis, cycling, cricket, athletics, boxing, wrestling, basketball, car racing, football and rugby. The official uniform was the white shirt printed with the blue letters O.M. and black shorts. The club later became professional, and gradually abandoned many of its activities in favour of football. It went on to become the stuff of legend, notching up an unequalled number of wins in over 110 years. Since then football has become a religion for the people of Marseille, and the Velodrome stadium its temple. But for a long time Marseille was without a large stadium. Lyon had had its own one as early as 1913. In 1929 the city took the decision to build training grounds, a large velodrome stadium and sports palace. The natural choice of location was the land adjoining the Parc Chanot, bordering the Boulevard Michelet. The city's head architect, Senès, drew up the first plans with the assistance of Peyrridier. The first training grounds were finished in 1932. But plans for the big stadium were still up in the air. The project was modified following the plans of Henry Ploquin, the architect of the remarkable

Vue aérienne du site du Cercle des Nageurs aujourd'hui.

du remarquable stade de Vichy. Finalement, le stade Vélodrome sera inauguré le 13 juin 1937 avec un programme d'athlétisme, de cyclisme et un match de football entre l'O.M. et le Torrino. Depuis, plusieurs campagnes de travaux furent entreprises qui supprimèrent le vélodrome et la piste cendrée afin de gagner en tribunes. Pour la Coupe du monde de 1998 on atteint les 60 000 places après les travaux réalisés par l'architecte Jean-Pierre Buffi.

Si Marseille avait su brillamment se relever du premier conflit mondial, la Seconde Guerre sera ressentie beaucoup plus durement. Les nombreuses destructions, dont celle de la rive nord du Vieux-Port, vont durablement marquer la ville. Après-guerre, la décolonisation fait également pâtir la cité dans ses activités traditionnelles, tant portuaires qu'industrielles. Il faut reconstruire et innover.

stadium at Vichy. The Velodrome Stadium was finally inaugurated on June 13th 1937 with a programme of athletics, cycling and a football match between the O.M. and Torino. Since then, several renovation programmes have been undertaken to remove the cycling track and the cinder track to gain more space for seating. By 1998, the architect J.-P. Ruffi was able to provide 60,000 places for the World Cup. While Marseille had been able to recover brilliantly from the First World War, the Second War would have a much harder impact. The widespread destruction, including the North side of the Old Port, left a lasting mark on the city. In addition, the traditional activities of the city's port and industry suffered badly from post-war decolonisation. It was time to reconstruct and innovate.

La ferveur des supporters au stade Vélodrome.

L'équipe de l'Olympique de Marseille en 1926.

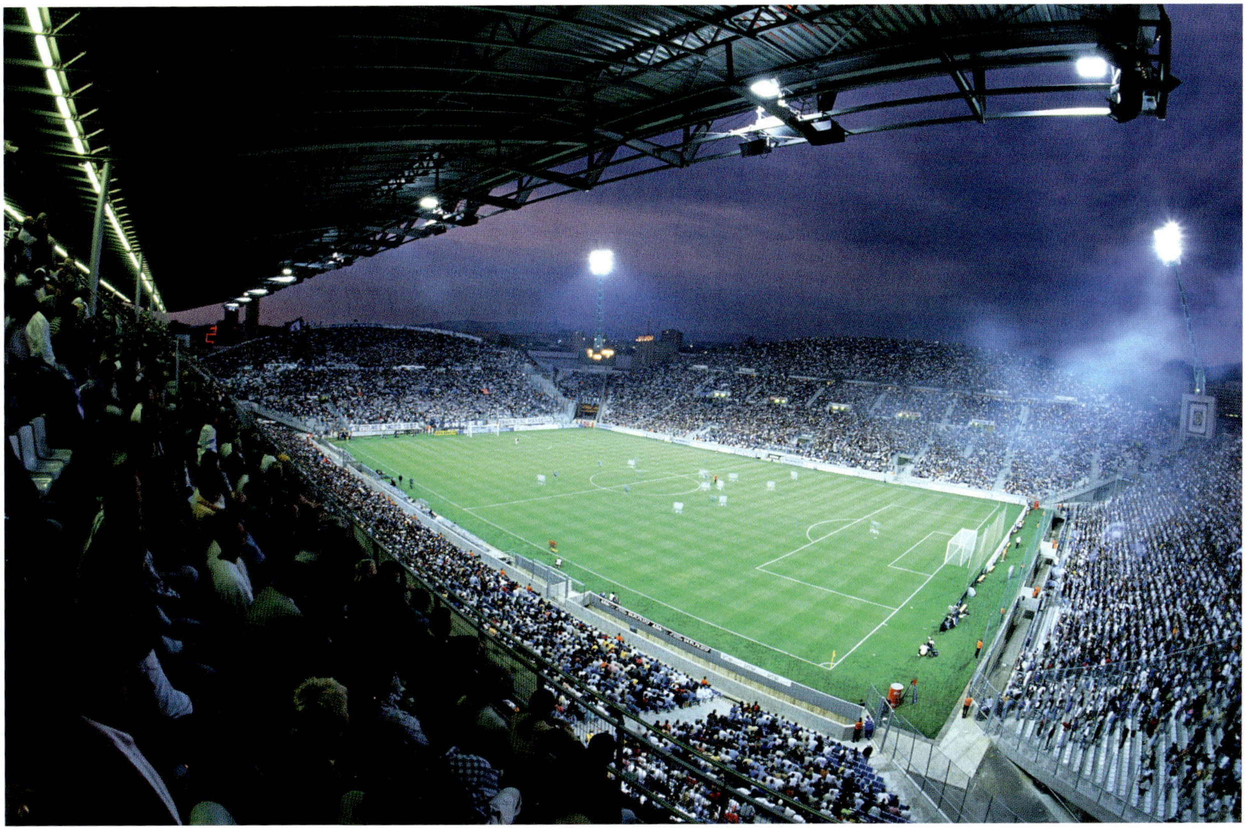

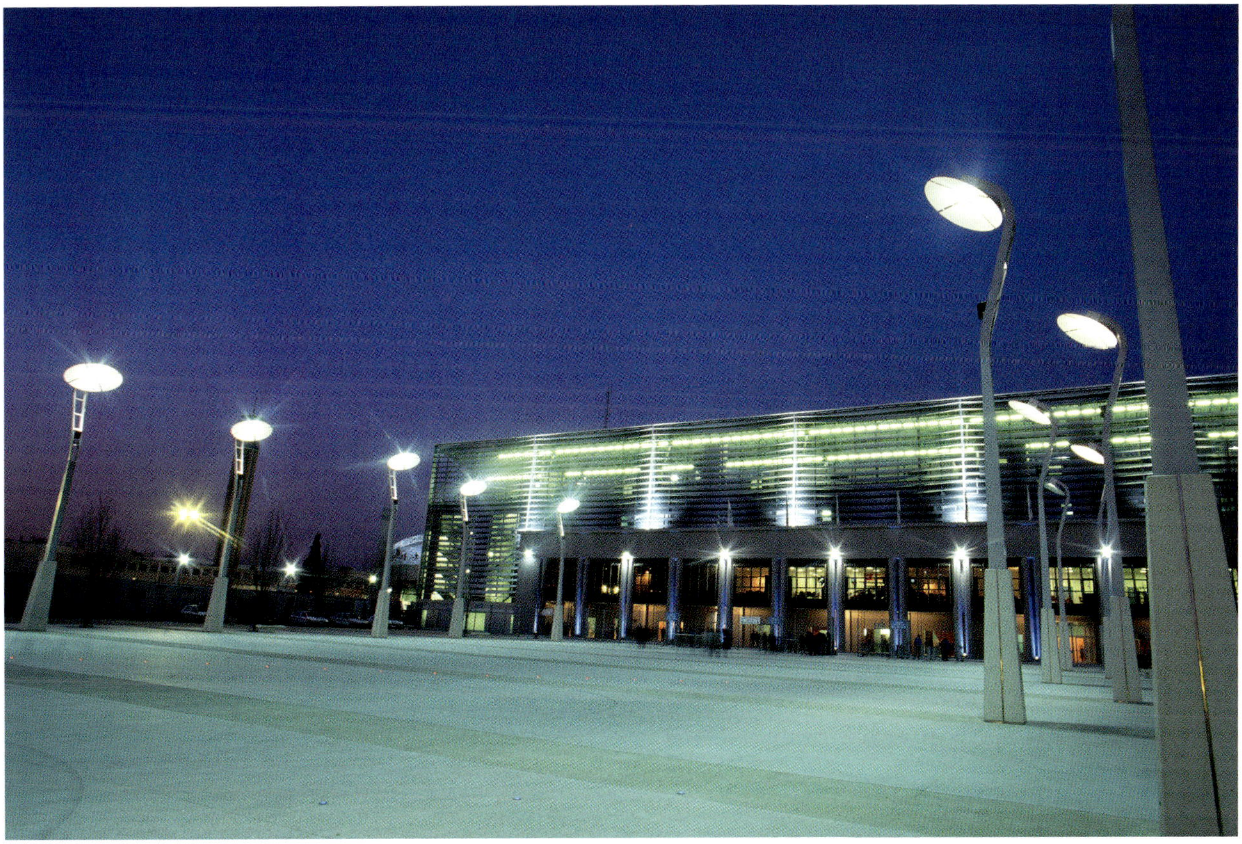

Le nouveau grand palais du parc Chanot construit en 1952.

De la reconstruction à nos jours

From the reconstruction to the Present Day

Expériences architecturales et retour de la prospérité

Avec les Trente Glorieuses, c'est l'industrie pétrochimique qui viendra rapidement rendre à Marseille son rang, avec l'implantation de nouvelles infrastructures portuaires vers Fos, sans oublier l'augmentation du trafic aérien à partir de Marignane. Le développement des secteurs de la recherche et du tertiaire sera également important. Mais, en attendant les résultats de cette politique volontariste, conduite par la municipalité de Gaston Deferre à partir de 1953, la reconstruction a commencé. À partir de 1946 les projets de Fernand Pouillon, Auguste Perret, Gaston Castel et Dunoyer de Segonzac redonnent vie au Vieux-Port. Dans les

Architectural experiments and the return to prosperity

The post-war boom period soon brought Marseille back to its former status with the petrochemical industry and the creation of new port facilities near Fos, not forgetting the rise in air traffic from Marignane. The development of the research and tertiary sectors was also important. But, while waiting for the results of this positive policy, led by the municipality of Gaston Deferre from 1953 onwards, re-

Vue générale du Salon nautique prévu pour 1963 (album de la Foire Internationale de Marseille, 1962).

Le toit et la grande cheminée de la Cité Radieuse de le Corbusier.

Double page suivante Le Corbusier, la Cité Radieuse de Marseille sur le boulevard Michelet.

Entrée principale de la foire internationale de Marseille (album de la Foire Internationale de Marseille, 1962).

quartiers sud, sur le boulevard Michelet la Cité Radieuse de Le Corbusier sera l'événement.

C'est le ministre de la Reconstruction Raoul Dautry, qui charge Le Corbusier d'édifier un immeuble locatif à Marseille. L'architecte peut enfin mettre en oeuvre son projet de « Ville radieuse » énoncé en 1935. La construction s'échelonne de

construction had begun. From 1946 the projects of Fernand Pouillon, Auguste Perret, Gaston Castel and Dunoyer de Segonzac helped revive the Old Port. In the Southern districts, on the boulevard Michelet, Le Corbusier's "Cité Radieuse" created a stir. It was the minister of reconstruction, Raoul Dautry, who commissioned Le

Albert Place (d'après Mercier), affiche de la Foire Internationale de Marseille en 1946.

*Intérieur et extérieur du
palais des congrès en 1952.*

Atrium du palais des arts (album de la Foire Internationale de Marseille, 1962).

1947 à 1951. Les dimensions sont imposantes : 165 mètres de long sur 24 de large et 56 de haut. L'implantation en oblique au milieu d'un parc reprend l'idée de paquebot urbain chère au maître. Les puissants pilotis et le béton brut s'associent merveilleusement aux percées des loggias et à leur franche poly-

Corbusier to build a block of rented accommodation in Marseille. The architect was at last able to carry out his project of a "Radiant City", first mooted in 1935. The building work lasted from 1947 to 1951. The dimensions were impressive: 165 metres long by 24 metres wide and 56 high. Its oblique set-

chromie. La Cité Radieuse comporte 337 appartements de 23 types différents. Toutes les perfections techniques sont mises en oeuvre. Par ailleurs l'immeuble possède sa rue commerçante avec restaurant, hôtel et des équipements collectifs sur le toit : crèche, école maternelle, gymnase, un théâtre, des espaces

ting in the middle of a park harked back to the master's pet idea of an urban liner. The sturdy pillars and raw concrete provided a marvellous contrast to the openings of the loggias and their bright colours. The Cité Radieuse contained 337 apartments of 23 different types. Every technical perfection was imple-

Le palais de la radio-télévision (album de la Foire Internationale de Marseille, 1962).

de jeux et de détente… « Proposée au paroxysme de la crise, quantitative et qualitative, du logement, la Cité Radieuse de Marseille est une démonstration des capacités conceptuelles et pratiques de l'architecture moderne ; en proposant de " tirer le logement social vers le haut ", elle se situe très au-delà des efforts que l'État est alors prêt à consentir pour ce secteur, qui sera surtout celui des logements d'urgence » (Gérard Monnier). Au départ moquée par les Marseillais qui la surnomment « la maison du Fada », la Cité Radieuse est depuis classée Monument historique ; elle est aujourd'hui très prisée. À Marseille, seul Fernand Boukobza essaiera de rivaliser avec Le Corbusier en construisant, à partir de 1957, Le Brasilia, non loin du boulevard Michelet. Vers Castellane, sur l'avenue Cantini, menant à l'ancienne gare du Sud, André Jacques Dunoyer de Segonzac construit aussi, entre 1955 et 1957, un bel immeuble de 142 logements avec tout le confort moderne. Les années 1950 voient aussi la construction des bâtiments et de la tour de la Maison des radios et de la télévision régionale entre Parc Chanot et stade Vélodrome.

Pour la SAFIM et le Parc Chanot, l'heure de la reconstruction a sonné. Le président, Marius Gighlione, qui a maintenu l'entreprise durant les années noires, et

mented. In addition the building had its own shopping street with restaurant, hotel and collective facilities on the roof: crèche, kindergarten, gym, a theatre, areas for games and relaxation, and so on. "Proposed at the height of the crisis in the quantity and quality of housing, Marseille's Cité Radieuse is a demonstration of the conceptual and practical capacities of modern architecture; by offering to 'raise social housing standards', it went well beyond the efforts that the state was prepared to make for this sector, which amounted above all to emergency housing" (Gérard Monnier). Initially derided by the Marseillais who called it "la Maison du Fada (the Nutter's House)", the Cité Radieuse was later listed as a historical monument and is highly esteemed today. In Marseille, only Fernand Boukobza would try to outdo Le Corbusier by constructing Le Brasilia, not far from Boulevard Michelet, from 1957. Towards Castellane, on Avenue Cantini, leading to the former Gare du Sud, André Jacques Dunoyer de Segonzac also built a fine block of 142 apartments with all mod cons, between 1955 and 1957.

The 1950's also saw the construction of the buildings and the tower for the Regional Radio and Television between Parc Chanot and the Velodrome stadium.

Affiche du Salon Nautique en 1963.

son directeur administratif Charles Rondeau, relèvent le défi. En 1949, un nouveau programme immobilier est engagé pour faire face à l'affluence des exposants et du public. En 1952, le Grand Palais est reconstruit. En 1963, en plein développement de la société des loisirs, la SAFIM. crée le premier Salon nautique méditerranéen, qui deviendra la Foire de Printemps, avant d'être délocalisé à la Ciotat. En 1969, le cabinet d'architecte d'Aix-en-Provence, Carta et Rainaud, remporte le concours pour la construction du nouveau Palais des Congrès.

Sur la Corniche aussi tout bouge. En 1951 on installe au rond-point de la plage une réplique du David de Michel-Ange, offerte bien des décennies auparavant par Cantini. Entre 1957 et 1961 on élargit la voie de circulation entre le Marégraphe et les plages afin de fluidifier le trafic automobile de plus en plus important. La promenade et le repos, grâce à un banc de plusieurs kilomètres, y sont également facilités. Au niveau du Roucas-Blanc on installe en 1971 le très élégant monument aux rapatriés d'Afrique du Nord, réalisé par César.

As for the SAFIM and the Parc Chanot, the time had come for reconstruction. The president, Marius Gighlione, who had kept the business going through the lean years, and its administrative director Charles Rondeau, took up the challenge. In 1949, a new building programme was undertaken to handle the growing number of exhibitors and public. In 1952, the Grand Palais was rebuilt. In 1963, with the rapid growth of the leisure society, the SAFIM organised the first Mediterranean Boat Show, which was to become the Foire de Printemps before being transferred to La Ciotat. In 1969, Carta & Rainaud, a firm of architects from Aix-en-Provence, won the competition to build the new Palais des Congrès.

The Corniche also saw many changes. In 1951, the beach roundabout received a replica of Michelangelo's David, a gift from Cantini dating back several decades. Between 1957 and 1961 the thoroughfare between the Marégraphe and the beaches was widened to deal with increased traffic flow. Walking and resting were also made easier thanks to a bench stretching several kilometres. And in 1971 César's very elegant monument to those repatriated from North Africa was installed just below Roucas-Blanc.

La copie du David de Michel-Ange, offerte par Jules Cantini à la ville et installée au rond-point de la plage en 1951.

Carte d'exposant de la Foire Internationale de Marseille en 1949.

La tour du Grand Pavois construite au rond-point du Prado en 1972.

Les grands programmes

Avec les années 1960 et 1970, les programmes de grands ensembles vont se poursuivre. À Castellane, l'ancien cinéma l'Eldorado fait place à un immeuble d'habitations en 1966. Au rond-point du Prado, Guillaume Gillet associé à Jean et Georges Delbes et Bernard Lavilla construisent la première grande tour de la ville culminant à 115 mètres: le Grand Pavois à partir de 1972. En contrepoint, sur l'avenue Cantini, la Tour Méditerranée propose 20 000 m² de bureaux.

Le quartier, certes toujours résidentiel a su s'adapter. Sur le second Prado, les villas cèdent la place aux banques et aux représentations diplomatiques. On trouve les consulats d'Allemagne, de Turquie, de Russie, de Chine, du Portugal, du Liban et du Royaume-Uni installé lui sur le premier Prado. Les équipements sportifs ont été complétés avec, à l'arrière du Parc des Expositions et du stade Vélodrome, le Palais des Sports, ouvert en 1988 et qui accueille de prestigieuses manifestations comme l'Open 13 de tennis. En décembre 2009 c'est au tour d'un second palais omnisports d'ouvrir ses portes, à la Capelette : le gigantesque Palais de la Glisse, avec ses deux patinoires (une sportive, l'autre ludique) et son skate parc.

The big programmes

With the 1960s and 1970s, large-scale building projects continued. At Castellane, the former Eldorado Cinema made way for a block of flats in 1966. In 1972, at the Prado roundabout, in association with Jean and Georges Delbes and Bernard Lavilla, Guillaume Gillet built the Grand Pavois, the city's first large tower block rising to 115 metres. Opposite, on Avenue Cantini, the Mediterranean Tower offered 20,000m² of office space.

Though still residential, the district was able to adapt. On the second Prado, the villas made way for banks and diplomatic offices. It housed the consulates of Germany, Turkey, Russia, China, Portugal and Lebanon, while the United Kingdom was represented on the first Prado. Sports facilities were completed with the Palais des Sports, opened in 1988 behind the Parc des Exhibitions and the Velodrome stadium, and hosting prestigious events such as the Tennis Open 13. In December 2009, a second multi-sports centre opened its doors at La Capelette: the gigantic Palais de la Glisse, with its two skating rinks (one sporting, the other for fun) and its skate park.

Between the end of the 1970s and the 1980s, the construction of the two

Entre la fin des années 1970 et les années 1980, la construction des deux lignes de métro permet de relier les quartiers nord et sud en quelques minutes. Le percement du tunnel Prado-Carénage viendra très heureusement compléter ce dispositif. Grâce au métro, d'importants travaux sont réalisés en bord de mer. Avec les remblais on construit de nouvelles digues sur la plage permettant de gagner 40 hectares sur la mer. Les plages artificielles Gaston Deferre voient le jour sur plus de 10 hectares. À l'arrière des espaces verts de détente sont aménagés. On y trouve entre autre un monument du sculpteur Jean Amado, en hommage à Arthur Rimbaud, mort à Marseille en 1891. Plus loin, face à l'hippodrome Borély c'est un vaste complexe de boutiques et restaurants, qui accueille Marseillais et vacanciers. Au-delà, le port de la Pointe Rouge est réhabilité pour renforcer sa capacité d'accueil et faire de Marseille le premier port de plaisance du pays pour le nombre de postes à quai. Toujours en front de mer, mais cette fois aux Catalans, c'est le Pharo qui a vu sa destinée changer. En 1997, la ville transforme le palais pour lui permettre d'accueillir congrès, conventions, colloques, expositions… Ainsi, au palais de Napoléon III, avec ses beaux salons de réception, est venu s'ajouter :

metro lines connected the North and South districts in a few minutes. The construction of the Prado-Carénage tunnel also played a very useful part. Due to the metro, large-scale work was undertaken on the sea front. The rock removed was used to build new breakwaters on the beach to gain 100 acres from the sea. The Gaston Deferre artificial beaches covered more than 25 acres. Behind them, green relaxation areas were planted. Among other things a monument by the sculptor Jean Amado pays tribute to Arthur Rimbaud, who died in Marseille in 1891. Further on, opposite the Borély racecourse, a vast complex of boutiques and restaurants welcomes Marseillais and holiday makers. Further on, the port at Pointe Rouge was renovated to boost its mooring capacity and make Marseille the country's biggest marina in terms of number of places.

Still at the seafront, but this time at Les Catalans, the Pharo saw its destiny change. In 1997, the City converted the palace to enable it to host conferences, conventions, colloquia, and exhibitions etc. So Napoléon III's palace, with its fine reception rooms, acquired facilities including a 900-seater auditorium, a 1800m² exhibition area, a 550-seater dining hall, two lecture

Une station de métro sur le Prado. À la fin des années 1970, Marseille joue la carte de la modernité.

Double page suivante
Vue des plages Gaston Deferre.

Le nouveau palais de la glisse omnisports.

auditorium de 900 places, une surface d'exposition de 1800 m², une salle de 550 places pour la restauration, deux salles de conférence, trois petits auditoriums... Aujourd'hui, un programme de restructuration complémentaire permet d'augmenter les surfaces de réunions et élargir les capacités d'accueil. Autre réalisation d'excellence, à l'arrière du second Prado, l'École Nationale Supérieure de Danse et le Ballet National de Marseille. Le bâtiment, créé à l'initiative de Roland Petit et construit par

halls, and three small auditoriums. Today, an additional rebuilding programme is increasing the meeting areas and visitor capacity.

Another excellent initiative was the creation of the Marseille National Dance College and the National Ballet, behind the Second Prado. The building, created at the instigation of Roland Petit and built by the architect Roland Simonet, was inaugurated in 1992. The architecture, with its bright, harmonious volumes, is an admirable mixture

Les terrasses de l'Escale Borély en bord de plage. .

*R. Simonet,
l'École Nationale
Supérieure
de Danse.*

l'architecte Roland Simonet, est inauguré en 1992. L'architecture, aux volumes clairs et harmonieux, mêle admirablement l'inspiration corbuséenne à la tradition méditerranéenne d'une casbah. Plus récemment encore, les anciens terrains de la gare du Sud ont été transformés en 1999 en jardin public paysager, dédié au XXVIᵉ centenaire de la plus vieille ville de France. Ce parc de 10 hectares a été inauguré en 2001.

of Corbusian inspiration with the Mediterranean tradition of the Kasbah. More recently still, the former land of the Gare du Sud was landscaped into a public garden in 1999, dedicated to the 26th centenary of France's oldest city. This 25-acre park was inaugurated in 2001.

*Le parc
du XXVIᵉ
Centenaire,
sur l'emplacement
de l'ancienne gare
du Prado.*

Le palais du Pharo devenu aujourd'hui centre de congrès et de conférences de la ville.

L'auditorium du
palais du Pharo.

L'ÉMERGENCE D'UN PÔLE ÉVÉNEMENTIEL MAJEUR

THE EMERGENCE OF A MAJOR EVENTS CENTRE

Le Parc Chanot est désormais l'un des cinq sites français majeurs pour l'accueil de congrès et d'expositions. Dés 1995 le Palais des Congrès de 1970 a été modernisé et doté d'un auditorium de 1200 places. Dès lors, moyennant de lourds investissements, la SAIFIM s'est appliquée, avec l'aide de la ville, à réaliser la mise en synergie des équipements de congrès et d'expositions. « Cette politique est aujourd'hui récompensée : c'est que les grands salons, et en particulier les salons professionnels, multiplient les cycles de conférences, tandis

The Parc Chanot is now one of France's five major venues for the hosting of conferences and exhibitions. From 1995, the Palais des Congrès (built in 1970) was modernised and provided with a 1200-seater auditorium. With the help of the City, the SAFIM then invested heavily in rationalising the conference and exhibition facilities. "This policy has today been rewarded. The large salons, and in particular the professional salons, increasingly offer conference cycles, while conferences demand ever more exhibition areas. Marseille is the only large French metropolis with a single, in-

Le Palais des Congrès : porte principale nord.

que les congrès requièrent toujours plus de surfaces d'expositions. Marseille est la seule grande métropole française qui intègre en un outil unique son Palais des Congrès et son Parc des Expositions ; sa forte attractivé aidant, elle en tire le plein bénéfice » (Michel Kester). Avec ses 60 000 m² couverts repartis sur 6 palais de 5 à 15 000 m² et ses 60 000 m² d'esplanades sur 17 hectares, le Parc Chanot aura de fait accueilli en 2011 plus d'un million de visiteurs à l'occasion de 340 manifestations, dont 31 congrès nationaux ou internationaux, 52 salons professionnels ou grand public, 70 manifestations d'entreprises et 28 spectacles. En mars 2012, le Parc Chanot accueillera le Forum mondial de l'eau.

tegrated facility, combining its Conference Centre and Exhibition Park. The city's strong appeal helps it to draw maximum benefit." (Michel Kester). With its 60,000m² of roofed space distributed between 6 centres ranging from 5,000 to 15,000m² and its 60,000m² of esplanades over 45 acres, the Parc Chanot will have welcomed over a million visitors by the end of 2011 to its 340 events, including 31 national or international conferences, 52 professional or general public salons, 70 corporate events and 28 live shows. In March 2012, the Parc Chanot will host the World Water Forum.

Le Palais des Congrès : porte principale est.

Double page suivante
Vue générale du Parc Chanot (à sa droite, le stade vélodrome est en travaux).

*Le grand
auditorium
du palais
des congrès.*

Double page
suivante
*le Palais
des Evénements
est au cœur
de la synergie
des équipements
de congrès
et d'exposition,
qui permet
de consacrer
65.000 m² bâtis
et 62.000 m²
d'esplanades
aux plus grands
événements.*

PALAIS DES E

*Un bâtiment spécifique héberge les gradins mobiles
dont le déplacement est autotracté.*

*La capacité peut être portée
à 3.200 places, et 7.000 places
à plat. Un auditorium de 1.600
places est installé dans deux
des quatre cantons du Palais
des Evénements. La capacité peut
être portée à 3.200 places,
et 7.000 places à plat.*

*Les deux palais
les plus anciens :
le Palais des Arts
a été construit
pour l'exposition
coloniale de 1922,
le Grand Palais
a été achevé
en 1951.*

Contigu au Parc Chanot, le stade Vélodrome se prépare quant à lui à accueillir l'Euro 2016 de football, tout en préservant durant les travaux une capacité de 42 000 places. Le projet aux lignes épurées prévoit la couverture générale des gradins, une extension de capacité à 67 000 places, dont

Adjacent to the Parc Chanot, the Velodrome stadium is getting ready to host the football Euro 2016, while preserving a capacity of 42,000 seats during the conversion work. The project with its pared-back lines involves roofing over seating, extending the capacity to 67,000 seats, including 6,000 VIP

Le nouveau Vélodrome verra sa capacité portée à 67.000 places bénéficiant d'une couverture générale.

Totalement rénovés, le Parc Chanot et le Vélodrome constitueront un pôle événementiel unique en France.

6 000 V.I.P, et les équipements réceptifs qui lui permettront de rivaliser avec les stades des grandes métropoles européennes. Le contrat de partenariat passé entre la ville et la Société AREMA prévoit également un programme immobilier de 100 000 m² : bureaux, logements, centre commercial, hôtel et résidence service.

En 2014, Chanot et le Vélodrome constitueront un pôle d'accueil de grands événements unique en France.

En 1988, on pouvait lire sous la plume de Philippe Joutard : « les Marseillais n'ont donc pas de raison de craindre l'entrée dans le troisième millénaire de notre ère, car ils sauront rester fidèles, à ce qui a fait pendant vingt-six siècles la force et la prospérité de leur ville, l'accueil des hommes et des idées indissolublement liées à l'échange des produits. Comme leurs ancêtres ils seront tournés vers le grand large, la Méditerranée tout d'abord, du Nord au Sud, de l'Est et de l'Ouest, mais au-delà de Suez et de Gibraltar, l'Extrême-Orient et l'Extrême-Occident ». Plus de vingt ans après on peut dire que le pari est gagné. La désignation de Marseille comme Capitale Européenne de la Culture en 2013 vient consacrer la réussite d'une ville perpétuellement renaissante et tournée vers l'avenir.

seats, and reception facilities to match the stadiums of Europe's largest cities. The partnership contract signed between the City and the Société AREMA also provides for a building programme of 100,000m² of space for offices, accommodation, shopping centre, hotel and sheltered accommodation.

By 2014, Chanot and the Velodrome will constitute a venue for large events unique in France.

In 1988, Philippe Joutard wrote: "The Marseillais have nothing to fear from moving into the third millennium, because they will be able to remain faithful to what has been the source of their city's strength and prosperity for twenty-six centuries, the openness to men and ideas indissolubly linked to the exchange of products. Like their ancestors, their eyes are turned towards the open sea, first of all to the Mediterranean, from North to South, from East to West, but also beyond Suez and Gibraltar, the Far East and the Far West". Over twenty years later, one can say that the gamble has paid off. The designation of Marseille as European Culture Capital in 2013 has crowned the success of a city in perpetually being renewed, turned towards the future".

Le deuxième Prado du Parc Chanot à la mer.

Bibliographie Sélective

– Édouard Baratier (sous la direction de), *Histoire de Marseille*, Éd. Édouard Privat, Toulouse, 1973
– Roland Caty, Pierre Échinard, Éliane Richard, *Les patrons du Second Empire, Marseille*, Éd. Picard Cénomane, Paris, 1999.
– Jean Chélini, Félix Reynaud, Madeleine Villard (sous la direction de), *Dictionnaire des Marseillais*, Edisud, Académie de Marseille, 2003.
– Roger Duchêne, *Histoire de Marseille, 26 siècles d'aventure*, Éd. Autres Temps, Marseille, 1999.
– *Désirs d'Ailleurs, les expositions coloniales de Marseille – 1906 et 1922*, Éd. Alors Hors Du Temps, Archives Municipales, Marseille, 2006.
– Alain Grobon Ghiglione, *Connaissance de la S.A.F.I.M.*, Service des Archives et de Documentation de la S.A.F.I.M., Marseille, 1984.
– Philippe Joutard (sous le direction de), *Histoire de Marseille en treize événements*, Éd.Jeanne Laffitte, Marseille, 1988.
– Rémy Kerténian, *Les Catalans, petite Histoire d'un quartier de Marseille*, Éd.Jeanne Laffitte, Marseille, 2011.

– *Marseille au XIXe, Rêves et Triomphes*, catalogue des expositions, Musées de Marseille, R.M.N., Marseille, 1991.
– *Marseille*, revue culturelle de la Ville de Marseille, N°184 - juin 1998, N°215 - décembre 2006.
– Paul Masson (sous la direction de), *Encyclopédie Départementale des Bouches-du-Rhône*, Marseille, 1913-1937.
– *On sort! Lieux de spectacles à Marseille, de l'Alcazar au Zoo*, catalogue de l'exposition, Musée d'Histoire, Musées de Marseille, 2000.
– Jean-Louis Parisis, *Les folies de la Corniche*, Ed. Jeanne Laffitte, Marseille, 1999.
– *Portraits d'industrie, collections du Musée d'Histoire de Marseille, XIXe - XXe siècles*, Ed. Parenthèses, Musées de Marseille, 2003.
– Constant Vautravers, *La saga du Prado*, Actes Sud - Maupetit, Arles, 2005.

Crédits photographiques

Archives municipales de Marseille : p. 33 – 43 – 55 – 87
AREMA-MIR : p. 203-204 - 198
Bibliothèque de l'Alcazar – BMVR, Marseille : p. 27 – 62
Collection de la CCI Marseille-Provence : p. 96 – 100 – 102 – 105 – 106/107 – 108/109 – 110 – 112 – 113 – 114 – 116 – 117 – 120 – 125 – 130

Collection Musée d'Histoire de Marseille : p.23 - 34 – 63
Michel Schefer : p. 59 - 121

Les illustrations, gravures et documents ne comportant pas de citations de sources, appartiennent au fonds des Editions Jeanne Laffitte.

Photogravure Artegrafica

Achevé d'imprimer en octobre 2011
sur les presses de Graphicom, Italie